ラダックの星

中村安希

潮出版社

ラダックの星　目次

写真　中村安希

ブックデザイン　鈴木成一デザイン室

ラダックの星

プロローグ

もう何年も前になるけれど、小説を書いていたことがあった。書き始めてから一年半くらいの間に、一編の短い話と、もう一編の長めの話を書いた。その二編の小説は、物語の長さが違ったことを除けば、登場人物の設定から物語のおおよその展開まで、何もかもが似通っていた。主人公はどちらも二十代で、ブランドショップで売り子をしていた。性別はどちらも女で、同じように髪を短く切りそろえていた。短い小説の主人公は、新宿の百貨店で働き、長い小説の主人公は、サンフランシスコの繁華街にあるショッピングセンターで働いていた。主人公は、くる日もくる日も、店にやってくる客たちにハンドバッグを売り続けていた。という、ただそれだけの話だった。なぜそのような平凡な話を、しかもわざわざ二度も続けて書いたかと言えば、それが当時の私に書くことのできた（具体的な経験をもとに描くことができた）ほとんど唯一の世界だったからだ。言うまでもなく、その二編の小説がどこかに発表されるようなことはなかった。そもそも誰かに読まれることを期待して書かれたものでさえなかった。それらは、もっと別の理由で書かれたものだった。書くこと、に慣れるために書いた練習用の小説。私はその二編の習作を、本当に書かなければならなかった「ある小説」を書くために書いた。レースに挑む前のランナーが、ウォーミングアップをするように。

その小説を書こうと思いついたのは、二十五歳を迎えた年の秋の半ばのことだった。正確な日付は思い出せないが、首都圏の空が午後から分厚い雨雲に覆われた、ある平日の夜だったことは記憶している。百貨店での仕事が終わったあと、いつものように新宿から電車に乗って、当時住んでいた北与野のアパートに帰った。あり合わせのおかずで夕飯を済ませてから、ユニット式の小さなバスタブに少し多めに湯をためて、湯船にしっかりと体を沈めた。それから、夕暮れ時に店に現れた珍しい来客について考えた。

それはあまりにも突然の出来事だったし、彼女に会うのは高校を卒業した年以来六年半ぶりで、最初は誰だかわからなかったくらいだった。彼女は前よりも、いくぶんか細くなっていた。もともと白かった肌は以前にも増して白くなり、そのせいか栗色だった髪が前よりも黒々として見えた。私たちは店の入り口付近に立って、少しだけ話をした。彼女は、私たちが高校生の頃に使っていた三重県中部地方の方言で話し、私は地元を離れたあとに使うようになった東京の言葉で話した。

バスルームのドアを開けると、充満していた湯気と入れ替わるように、涼しい部屋の空気が流れ込んできた。バスタオルを体に巻いたまま、狭い通路の床に膝《ひざ》を立てて座った。そして背中を壁にもたせかけたとき、その瞬間に、ふと、小説を書くことを思いついた。

その小説は、それを書く準備のつもりで書いた他の二編とは違って、主人公は売り子ではなくて何か別の仕事をしていた。具体的な職業はまだ決めていなかったけれど、そうした細かい設定は、いずれ落ち着くべきところへ落ち着くだろう。準備用の二編を書き終える頃には、何かその主人公にぴったりな仕事が見つかっている気がした。その小説は他の二編とは違って、一年半という短い期間ではとても書き上げることができないものだった。実際には何年もかかった。正確には、何年もかかって書こうとした小説だった。しかしその小説は、書こうと思い立った日から九年と数ヶ月が過ぎた冬の半ばに、あっけなく終わりを迎えることとなった。もう、小説を書く必要がなくなってしまったのだ。書き始めたときと同じくらい、終わりは唐突にやってきた。

その小説の主人公は、他の二編と同じ二十代の女で、やはり短い髪をしていた。けれど他の二編とは違って、その世界を物語る一人称は「私」ではなく「僕」だった。その小説は、他の二編と同じように誰かに読まれることを期待して書かれたものではなかった。しかし、少なくとも誰かに向けて書かれた話ではあった。それはミヅキに向けて書かれた、そして、書かれるはずの小説だった。

今からここに記すのは、あの二十五歳だった秋の半ばからちょうど一〇年になろうとしていた秋の初めに、北インドの山の中へ星を見に行ったときの話である。その旅は二〇一四年の九月七日に始まり、翌十月の一日に終わりを迎えた。二五日間だけの、とても個人的な旅だった。一人で旅をするのはいつものことだったけれど、人との出会いを求めない旅は初めてだったし、仕事以外の理由で国外に出るのもずいぶんと久しぶりだった。それは休暇と呼ぶにふさわしい、ただ純粋に自分のために行くことができた唯一の旅だった、と言えるかもしれない。

黙々と、山の中を歩きたかった。社会の喧騒《けんそう》から遠く離れて闇の中で眠りたかった。誰もいない孤独の中に身も心も委《ゆだ》ねてしまいたかった。その旅には目的と呼べるものがひとつだけあった。人生観をその根底からひっくり返してしまうような、ものすごい星空に出会うこと。私は、ヒマラヤ山脈の中を二五日間かけて歩き回り、そこに完璧な星空を見つけ出すつもりだった。

これは、その二五日間の記録であり、その時の体験を土台に書き進めていく話である。あのとき見たもの、聞いたこと、胸をよぎっていったいくつもの思いをできるだけ正確に掘り起こし、再現しようとする試みである。しかし、そうであるにもかかわらず、私はこの一編をノンフィクションと言い切ることができない。ここに書き記すことができるのは、あのとき見たものではなく、あのとき見たと思うもの、あのとき耳にしたものではなく、今ここにいる自分の中に聴こえるものでしかないからだ。ただ一方で、この一編を小説と呼ぶことはもっとできない。作り話と言ってしまうには、そこに交わされた言葉はあまりに重く、流れた血は生温かく、星々を包む闇はどうしようもなく深かったから。

今、二〇一七年の夏の盛りに、この原稿を書いている。窓の向こうには、朝日を浴びた琵琶湖《びわこ》が見える。私は今からここに座って、あのヒマラヤの山野をもう一度踏みしめ、全力で星を追いかける。それは三年前に追いかけた星とは、もう同じではないかもしれない。けれど少なくともそれは、今この瞬間に私に追うことができるベストの星ではある。

今朝の琵琶湖には波ひとつない。湖面はいつになく静かに、そして穏やかに伸び広がっている。まるで、あの満月の夜に見たパンゴン・ツォの湖面のように……。

ラダック地方詳細地図

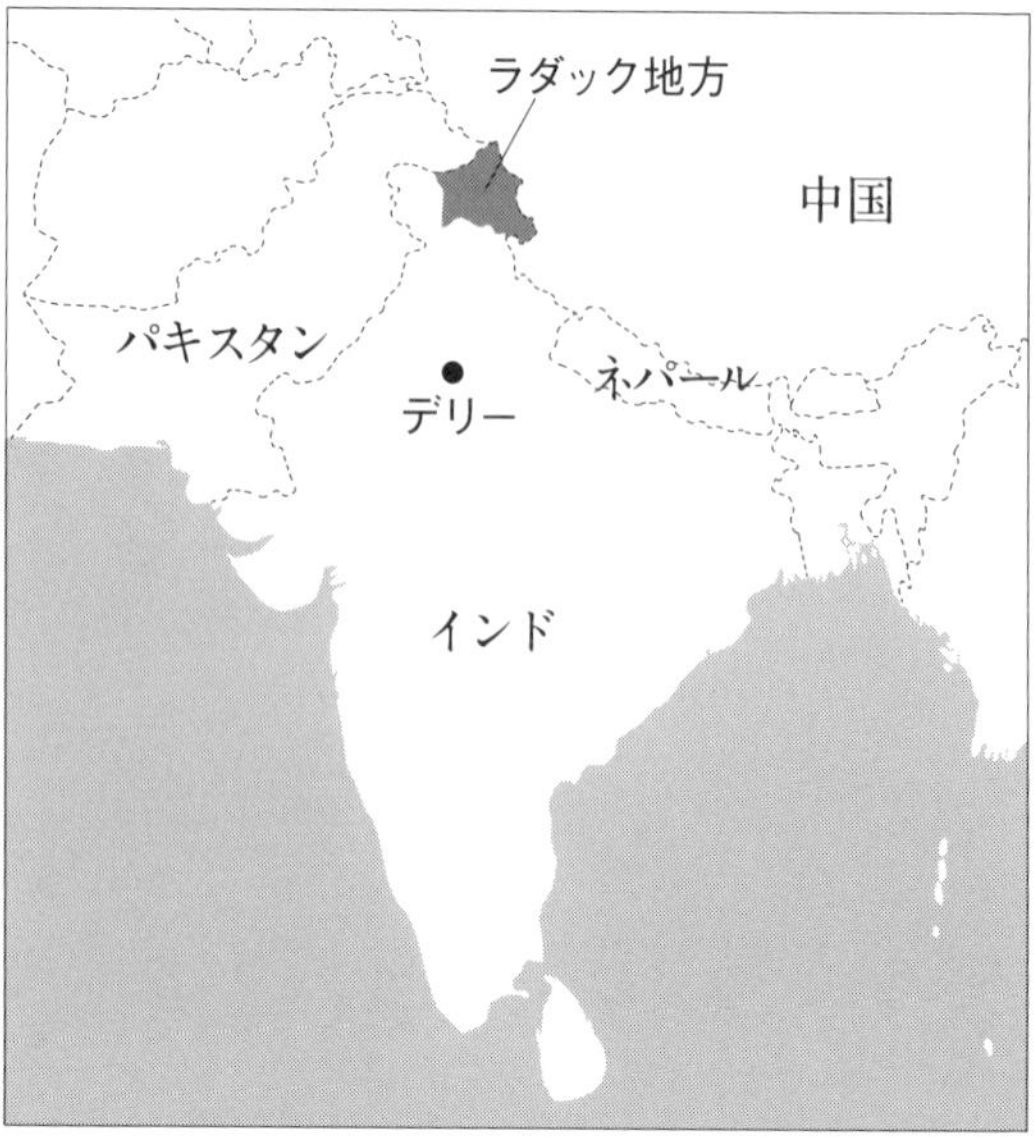

インド周辺地図

第1章 マイベストの星空

パンゴン・ツォ（湖）／レー／レー

九月九日　パンゴン・ツォ（湖）

水辺にキャンプ用のテントを張り終えたとき、湖畔はまだ暖かかった。標高四二五〇メートルの強い日差しが波ひとつない湖面に照りつけ、光の織りなすマジックが、山あいにできた巨大な水たまりをターコイズブルーの水で満たしていた。水中に溶け出したミネラルが、ひと粒ひと粒、精いっぱい光を反射して、そんな夢のような光景を作り出しているのだ。けれど日没とともに日差しが途絶えると、目の前の世界は一変した。水からは特別な色が失われ、湖畔のあらゆるものから急速に熱が奪われていった。突然吹き始めた冷たい風が、水面をひとしきり波立たせ、テントを容赦《ようしゃ》なく煽《あお》りたててくる。

私はダウンジャケットを着て帽子をかぶり、アルファ米のパックを一つとスプーンを持ってテントから出た。ヘッドライトの光を頼りに常設テント群まで歩いていって、分けてもらった熱い湯をパックに注いでジップを閉じた。それから、外に置かれた椅子に座ってあたたかいパックを内ももにはさみ、暗くなった湖のあたりを見るともなしにぼんやりと眺めた。

たぶん冷えからきているのだろう、首のまわりがこわばって何をするにも不快だった。

普段からよくある頭の痛みは、ここへきてますますひどくなり、ほんの少し揺らしただけでもズキンズキンと芯まで響いた。もちろん、頭痛も寒さに弱いのも今に始まったことではないし、高地の夜の冷え込みにせよ、高山病の症状にせよ、そんなことは織り込み済みだった。ただ、そういうものだとわかってはいても、つらいものはやはりつらいし、何度でもつらい。加えて、体の不調の厄介な点は、それがわずかな自信や前向きな気持ちまでことごとく摘み取ってしまうことだった。こんなにも体の調子が悪くて、星を追うことなんてできるのだろうかと。

「気分はどう?」

背後で声がして、背の高い男性が一人、常設テントから出てきた。二日前に街で知り合ったインド人の医師で、彼は仲のいい友だち二人とラダックへ休暇を過ごしにきていた。ご飯はもう食べたのかと訊かれたが、アルファ米のパックは内ももにはさまったままで、まだ手をつけてはいなかった。食欲はいずれにせよなかったし、パックはそこにすっぽりと落ち着いたきり動かせなくなってしまっていた。

「あったかくて気持ちいい」

そう言って無理やり笑みを作ると、振動がキーンと頭に響いた。

「もうひとつのご飯の楽しみ方。いいね」

彼は少し笑って、革ジャンのジッパーを首もとまで引っ張りあげた。そして、これからもっと冷え込むだろう、と言った。

「本当にあっちで一人で寝るのか？　たぶん寒くて眠れないよ」

彼の言う通りかもしれなかった。体は芯まで冷えていたし、体調不良も重なって眠るどころではないかもしれない。ただ、今夜私が目指しているのは、ぐっすりと眠ることではなかった。眠れるかどうかを試すこと、高地で過ごすテントの夜をひと通り経験することだった。

「分厚い寝袋も持ってきたし、なんとかなると思う」

「わかったよ。でももし夜中に寒くて耐えられなくなったら、僕らのテントに逃げてきたらいい。ベッドも一つ余っているし、お湯もあるから」

ありがとう、と私は言った。彼は、何かもっと熱源になるような食べ物をもらってきてあげようと言ってくれたが、頭痛からくる胃のむかつきで、とても食べられた気分ではなかった。

「ありがとう。でももし迷惑でなければ、もう一回お湯を分けてもらえないかな。薬を飲みたいから」

「もちろん。好きなだけ使っていいよ」

私はもう一度、ありがとう、と言った。彼と彼の友だちは、すぐに戻ってくるからと言い残して、ダイニングのある小屋へと歩いていった。私は薬とコップを取りに自分のテントまで歩いて戻った。足元はふらついていたけれど、こまめに体を動かした方が高度順応の助けになるし、何よりもこうした雑用は気分を紛《まぎ》らわせてくれる。

星を見るという今回の旅には、高度順応をはじめとした乗り越えるべき課題がいくつかあった。少し注意を払いさえすればクリアできる程度のこととはいえ、それらはどれ一つとして手を抜くわけにもいかなかった。テントの張り方を覚えたり寝袋での眠りに慣れることから、トレッキング用具の使い方や山道を歩くスキルまで、最低限のことは押さえておく必要があった。それから、ただ高度に慣れるだけでなく運動量も増やしていって、体力や精神面でのコンディションも上げていかなくてはいけないだろう。星を見るということは、ただ夜空を見上げるということではない。街の明かりが届かない山の奥深くに分け入って、限りなく完璧に近い闇の中へと潜り込むということなのだ。

医師たちのテントに戻ってくると、勝手に中へ入らせてもらってポットのお湯をコップにもらった。それから外の椅子に座って、日本から持ってきた頭痛薬を飲んだ。朝にも一度飲んでいたし、できれば飲まずに済ませたかったがどうにも我慢できなかった。二日前にラダック入りしてから今夜までの間に、持ってきた頭痛薬の三分の一を使ってしまった計算になる。

私は少し考えてから、今度はうすむらさき色の錠剤を飲んだ。何の薬かは知らなかったけれど、体の代謝を上げて調子をよくする薬だと聞いていた。色合いからは漢方薬のように見えなくもなかったし、なんとなく体に良さそうな気はした。それに、そう信じたくなるくらい悪寒がひどく、首まわりのつっぱりは耐えがたいものになっていた。私は椅子に座ったまま、薬が効いてくるのを待った。待ちながらつくづく、あの二人についていかなくてよかったと思った。あの二人、とは、うすむらさき色の薬をくれた韓国からの登山者のことで、彼らは今ごろ、ここよりも高い雪山の中でキャンプをしていることになっていた。

二人とはラダックに来る前に、乗り継ぎのために立ち寄ったデリーの空港で知り合った。ラダックの拠点となる街、レーに向かう便が三日続けて欠航になり、二日半もの間空港に閉じ込められているうちに、私たちは自然と話をするようになった。今でこそ晴れ間が戻っているが、ほんの数日前まで、この北インド一帯の山岳地帯は、行方不明者が出るほどの悪天候に見舞われていたのだ。二人は、分厚い胸板をした二十代の若者で、名前をハンさんとキムさんといった。一人でフライトを待っていた私に声をかけてくれたのが彼らだった。運行状況の確認も、航空会社との交渉も、食事もお茶もおしゃべりも、彼らは私をひとりにはせず、一緒に行動してくれた。あの長くて退屈な待ち時間を、最後まで楽しく乗り切れたのは、言うまでもなく彼らのおかげだった。

二人は仕事をしながら世界の山に挑戦していて、前回はアフリカ最高峰のキリマンジャロ山に登ったらしい。

「僕らは今回、ストック・カンリという山に登りに来ました。もしもあなたの都合がつくなら、僕らと一緒に登りましょう」

彼らはまず、標高三五〇〇メートルのレーで高度順応に励み、それから現地のガイドと共に山頂を目指す計画をしていた。二人は面倒見のいい好青年で一緒にいるのは楽しかったし、見せてもらった山の写真はとても魅力的だった。ストック・カンリという山は、特別な技術がなくても登れる比較的手ごろな山として、旅行者にも人気があるらしかった。

「お二人とご一緒できたら、どんなに楽しいだろうと思います」

私は率直な気持ちを伝え、けれど誘いは断った。私がラダックにやってきたのは、あくまで星を見るためであって、山の頂に立つためでもなければ、誰かと楽しく交流するためでもない。二人は予定から数日遅れてラダック入りしたあと、短い順応期間を経て、今日の昼前には登山口へ向かうことになっていた。そしてその少し前、私を乗せたヴァンがパンゴン・ツォに向けて出発する直前に、彼らは見送りに来てくれたのだ。韓国から持ってきたという、うすむらさき色の錠剤を携《たずさ》えて。

彼らは無事にベースキャンプに着いただろうか。高度への順応は間に合ったのか。それに山の冷え込みは、おそらくここの何倍も激しく……。

そのときだった。湖の対岸に連なる山のてっぺんから、黄色い光のかたまりがぬんと頭を出した。光はみるみる輪郭《りんかく》を現し、ついには完全な円形となって濃紺の夜空に放たれた。九月九日。満月の光が、湖面と周辺の山々を照らし出し、周りの星々を蹴散らすように夜空を駆け昇っていく。光を浴びた小さな雲が、いくつも上空に浮かび上がった。

どれくらい月を見ていたのだろう、ふと空腹を感じて我に返った。いつのまにか風が止んでいた。頭痛もすっかり消えていた。温かい血の循環を全身に感じることができた。アルファ米に湯を足して、粥を作って食べきると、指や足の先にまで力が戻ってくるのがわかった。私は急いでテントに戻り、カメラを持って水辺に立った。三脚でカメラを固定して、今夜の主役にレンズを向けた。ひとかたまりの雲の向こうに満月がすっぽりと隠れたところで、シャッターボタンを静かに押した。

裏布《うらじ》を月に照らされて、雲は黒い影となり、その輪郭を白くふちどりながら夜の空を彩った。伸び落ちてきたひと筋の光が、湖面に銀の輪を描き出す。カチャッと音がして、シャッターが閉じた。雲の端からあふれ出てきた光が、ふたたび一帯を照らし始めた。

九月十日　レー

パンゴン・ツォからレーに戻った日の夜、街の旅行代理店のカウンターで一人の女性旅行者と知り合った。隣の席に座っていたチリ人の彼女は、名前をソルと言った。代理店のオーナーが電話に応じている間に目が合うと、彼女は私に耳打ちしてきた。

「マルカ渓谷《けいこく》なら、ガイドなしでも行けるわよ。それよりあなた、ヌブラ渓谷には興味ない？」

私たちは立ち上がると、そのまま近所の飲食店に向かった。彼女はすでにマルカ渓谷でのトレッキングを終えていて、残り一週間のラダック滞在をどのように過ごすべきか迷っていると言った。

「あなたは？」

私は、ただ星を見るためだけにここへ来たのだと話した。リュックから手作りの「月齢カレンダー」を取り出して、テーブルの上に広げた。日付の横に月相、すなわち月の満ち欠けを描き入れたカレンダーで、月明かりの強い週と弱い週のマス目が、別々の色で塗り分けてあった。なぜなら星を見るためにはまず、月について知る必要があるからだ。どれだけ星が出ていても、月が明るすぎては星は見えない。私はカレンダーの九月九日のマスに指を当て、そこから一週間後の九月十六日までをゆっくりとなぞった。

「昨日がちょうど満月だったから、来週半ばまでは月が明るくて……」

十六日に下弦《かげん》(半月)を迎え、月が半分に欠け始めたら、いよいよ本番に向けて動きだす。人里を離れて山に入り、星空スポットを見つけ出さなければいけない。ピークは二十一日から二十七日までの一週間。月明かりが次第に弱まっていけば、闇におびき寄せられるように現れた無数の星が、ヒマラヤ山系の上空を埋め尽くすはずだ。中でも二十四日の新月の夜は、この旅最大の見どころとなるだろう。もちろん天候にも左右されるし、そのときの私のコンディションだってどうなっているかはわからない。私にできるのは、考えられるすべての準備をととのえて、二十四日の日没を待つこと、それだけだ。

「できるだけ標高が高くて、周りに光源がなく、さらにテントを張って星を見上げられるような場所がいい。それでマルカ渓谷の辺りまで行けば、そういう場所も見つけやすいかと思って。ただ、食料を何日分も担いでいく自信はないから、代理店のオーナーにロバをハイヤーできないかと訊いてみたんだけど、ロバって思っていた以上に高額で……」

「ロバとはねぇ！　なかなか面白いアイデアだけど」

ソルは愉快げに笑い、カバンから地図を取り出しながら言った。

「マルカ渓谷だったら食事の心配はしなくてもいい。数キロおきに民家があって、食料を分けてもらえるから」

「ツアーに入っていなくても？」

「入っていなくても。お金さえ払えば誰でも」

「それはありがたい」

ソルは地図をテーブルに広げ、レーの南に横たわる標高四〇〇〇～六〇〇〇メートルのストック山脈と、その山々の向こうに伸びる大きな渓谷を指し示した。彼女はマルカ渓谷一帯のトレッキングを、ニュージーランド出身の軟弱な男子を引き連れてガイドなしでやり終えたと言い、「彼が足を引っ張りさえしなければ、もっと楽に行ってこられたのだけど」と付け加えて笑った。それから、地図にマーキングされた集落の名前を一つずつ順番に指でなぞり、ニマリンという場所まで来ると指を止めて言った。

「ここはどう？」

ニマリンは集落ではないが、このエリアを通過するトレッカーのために、夏季限定のキャンプサイトが設営されているらしい。標高は四七〇〇メートルあり、さすがに夜間の冷え込みは厳しそうだが、テントを張って星を待つには絶好の場所と言えるかもしれない。

「ニマリン……」

マルカ渓谷に入る道は、西側からと東側からの大きく二つのルートがあり、西には四九〇〇メートルの峠が、東には五二〇〇メートルの峠があった。高度を上げ下げしながら少しずつ体を慣れさせていくなら、多少時間はかかっても西のルートを取るべきだろう。毎日少しずつ歩いたとして、五〜六日もあればニマリンに着くはずだ。

「それで、ヌブラ渓谷の件だけど」と、ソルが言った。

「一緒にどう？　二〜三日なら時間あるでしょ？」

私は地図から顔を上げて、もちろん、と言った。

九月十二日　レー

その日は街の店という店がシャッターを下ろし、繁華街からはいつもの賑わいが消えていた。開いている飲食店を探して歩き回ったあと、私はいったん宿に戻り、庭先で作業をしていたアンティにそのことを伝えた。彼女は顔を上げると、「今日はストライキの日なの」と言った。

ラダック人の家族が経営するパルーゲストハウスには、面倒見のよい女性オーナーがいて、旅行者たちは親しみを込めて、彼女を「アンティ」と呼んでいた。宿は清潔で居心地がよく、ガーデニングも手が行き届いていた。アプリコットの木は実をつけすぎて大きくしだれ、番犬のカルーは草の上に寝転んで気持ちよさそうに寝息を立てている。ヒンディー語で「黒」と名付けられたチベタンマスチフのカルーは、文字通り真っ黒で艶《つや》やかな毛をした、この宿一番の人気者だ。

「夕方になれば営業を再開するはず」

アンティの言葉を信じて夕暮れ時に宿を出ると、まずは近所の韓国料理屋に向かった。ハンさんとキムさんが出入りしていたその店に行けば、彼らが美味しそうに食べていた辛ラーメンが食べられるだけでなく、うまくいけば二人に会えるかもしれなかった。二人はストック・カンリ山での登山を終えて、今日中には街に戻ることになっていた。彼らは明日の朝には帰国の途についてしまうし、私はソルと一緒にヌブラ渓谷へと旅立ってしまう。彼らに会えるとしたら今夜しかない。登山の話を聞きたかったし、何よりお礼が言いたかった。空港の中で分けてもらった韓国のもち菓子と、私の分まで買ってきてくれたコーヒー、それに空港から市内までの足代や、たくさんもらった薬のお礼をひと言伝えておきたかった。あのうすむらさき色の錠剤は、なんだか知らないけれどよく効いた。じわじわと体が温まり、首のコリが和らいだ。韓国料理屋の周辺でしばらく待ってはみたものの、店の扉はいつまでたってもぴたりと閉じられたままで、彼らを見つけ出すことはできなかった。

シャッターの下りた暗い街なかをしばらく一人で歩き回った。トウモロコシの炉端焼きを見つけ、一つだけ買って立ったまま食べた。そして、飲食店探しを諦めて宿へ戻ろうとしたところで、薄闇の中を歩いてくる数人の旅行者とすれ違った。

「あれっ?」

「あっ、夕飯もう食べた?」

足を止めるなりソルが言った。彼女たちも飲食店を探し歩いていたらしく、私たちはまた二〇分ばかり、ぞろぞろと街を歩き回った。それから、やっと営業を再開した一軒のバーに入り、四人がけのテーブル席に着いた。

ソルの他に、デリーから国内旅行に来ていたエンジニアの男性と、イスラエルから来た男性旅行者が一緒だった。注文を済ませ、旅の話が始まるとソルが言った。

「でもさあ、どうしてまたラダックだったの? 星空だったら、別にこんな辺鄙《へんぴ》な山奥に来なくたってよかったのに」

母国のチリではトレッキングガイドとして働いた経験もあるソルは、南米にも素晴らしい星空スポットがあると言った。

「これまでに見た中では、チリのアタカマ砂漠の星空がベストだった」

「その通りだよ」とイスラエル人が続いた。「星を見るなら、山よりも砂漠に行くべきだ。中東出身の僕に言わせるなら、あの辺りの砂漠に行けば星ぐらいいくらでも見られるよ」

砂漠の星の美しさについては、まさしく彼やソルの言う通りだった。中東のネゲヴ砂漠やルブアルハリ砂漠、トルクメニスタンのカラクム砂漠に中国のタクラマカン砂漠、アフリカのナミブ砂漠やカラハリ砂漠、そしてサハラ砂漠で昔見た星空が次々と記憶に蘇ってきた。広大な砂の大地に立つと、頭上にはいつも、巨大なプラネタリウムが広がった。地平線から地平線へ、見渡す限りのパノラマビューをあらん限りの星々が埋め尽くすのだ。星空の記憶に背を押されるようにして「昔、モンゴルのゴビ砂漠でキャンプをしたことがあって」と、私は言った。

「思い返してみると、あの時に見た星空がすべての始まりだった」

二十代の半ばごろ、私は生まれて初めてのバックパック旅行に出かけた。ユーラシア大陸の東の端から西の端まで、およそ二年をかけて巡る旅だった。韓国からスタートしてモンゴルに入り、旅を始めて二週間がたった頃、首都ウランバートルの宿の庭先で一通の携帯メールを受信した。日本にいる母からで、父方の祖母が他界したことを知らせるメールだった。

旅に出発する前、私は一つ上の姉と連れ立って、京都の山の中に建つ老人ホームに祖母を訪ねた。三重の実家から電車を乗り継いで、京都に着くと市バスに乗った。森の中でバスを降り、正面玄関から中へと入っていくと、廊下を歩いてくる叔母の姿を見つけた。普段は東京で暮らしている叔母で、父の妹にあたる人だ。彼女もきっと、見舞いに来ていたのだろう。私は二度ばかり会釈《えしゃく》したが、叔母は私たちに気づく様子もなく通り過ぎようとしたので、すれ違いざまに私の方から声をかけた。無理もない。親戚とは言っても付き合いはなく、顔を合わせたことさえほとんどなかったのだから。叔母は少し考えてから、やっと記憶が繋がったのかパッと明るい笑みを見せた。そして私たちの訪問を喜び、すぐに病室へと案内してくれた。

日当たりのいい個室のベッドの上で、祖母は歯のない顔をくしゃくしゃにした。泣いているようにも、笑っているようにも見えるが、きっと精いっぱい笑おうとしていたのだろう。祖母は、歩くことはおろか、自力で起き上がることも、ついには寝返りをうつことさえできなくなってしまっていた。やせ細った体が、数本のチューブで繋がれていた。嫌がっていた点滴用のチューブと排泄用のチューブだった。固形物の摂取が制限されてから、祖母はあからさまに体力を失っていった。同時に声も失っていった。姉は祖母の枕元に立ち、額にそっと手をあてて、それから髪をゆっくりとなでた。私は姉の横に立ち、祖母の右手を両手で握った。話しかけるたびに、祖母は顔中の筋肉を総動員して、私たちに応えようとした。

わずかな体力を使い切ってしまったのか、祖母はうつらうつらし始めた。仰向けになったままの顔にはシワひとつなく、すっと通った鼻筋がひときわ目立って美しく見えた。穏やかな表情だ。やがて、祖母が寝静まったことを見届けると、ベッドの向かいにいた叔母がおもむろに冊子を取り出して、私たちの方へと差し出してきた。

彼女が熱中していた新興宗教の会報であることぐらいは、わざわざタイトルを見なくても判別できた。叔母は、冊子を受け取って欲しいと言った。私は細い息を吐いて沈黙した。そして同じように押し黙っている姉が何らかの対応をしてくれるのを待った。私が先に口を開けば、激しい口論が始まってしまう。それは今、この静かな病室の中で、最も回避したいことだった。しばらくの沈黙のあと、姉が聞こえないくらいの小さな声で、受け取りを拒否する旨を伝えた。叔母は、祖母の掛け布団の上に冊子を置いた。そして私たちを睨《にら》みつけると「冷たい人たち」と、言い捨てた。

「これだけはよく覚えといて。あなたたちはね、最期の最期までこの人を受け入れなかったのよ。認めてあげなかったの。これを受け取らないということは、そういうことだから」

姉は叔母の声を無視して、祖母の寝顔だけを見つめていた。ネパールの仏教僧院で勉強中の身であった姉は、短い休暇を終えてすぐまた日本を離れることになっていた。最低でも一年は帰ってこられない。次に帰国するときには、祖母はもうこの世にはいないだろう。それは、これから二年間の旅に出る私にも言えることだった。私たちは今日、祖母に、さようならをしなくてはならない。

「ねぇ、あなたたちわかってるの？　なんて冷たい人たちなのよ。自分たちのおばあちゃんなのに、こんなひどい仕打ちはないわ」

　長年の宗教活動は、どうやら彼女自身の訴えに反して、叔母を幸福にも平穏にも導いてはくれなかったようだった。大金を注ぎ込んだ分だけ、焦りが増しているようにさえ見える。立派な夫を持ち、素晴らしい子どもたちがいて、かわいい孫たちに囲まれて、それでも人はこんなにも追いつめられた目をして、病室を訪れた姪たちに自己承認を迫らなくてはいけないのか。

「お母さんがかわいそう。こんな人たち、もうほっといたらいいわ」

　苛立つ叔母の声が、耳もとで鳴り続けていた。何も言わない姉の頬《ほお》を、涙が伝い落ちていく。祖母が寝ていることがせめてもの救いだ。いや、もしかしたら祖母は、眠ったふりをしてくれていたのかもしれない。

　晩年の祖母からは、たくさんの手紙を受け取った。手紙だけではなく、押し花のしおりや人形など、手芸品もよく送られてきた。祖母が作品を完成させると、左京区の祖母宅に下宿していた姉が、それらを箱につめて郵便局へ持っていき、アメリカに留学中だった私の住所へ次から次へと送ってきた。便箋はいつも手作りで、手紙の趣旨は毎回同じで、しかし書き付けられた文字の筆圧だけが少しずつだが弱っていった。

『若い時にはいっしょうけんめいになって、多くの苦労をしてください。おばあちゃんは、人生の困難をぜんぶ乗り越えました。すべての苦しみから解放されました。だから今は、毎日が幸せです。ここは、乗り越えた者だけがたどりつける極楽です。人生の勝者となったことを表彰したいと思います』

手紙を受け取るといつも、少しばかり窮屈な気分になった。それらの手紙は私への激励で始まり、途中から祖母本人への賞賛に変わり、最後には祖母自らを表彰するというちょっと変わったスタイルをとった。実際に、手紙が賞状の形をしていることもあった。九〇年近くを生きたとしても、人は自分の人生に自信を持つことも、俯瞰して折り合いをつけることも、できないものなのかもしれなかった。あるいは逆に、終末が近づいているからこそ、より強い焦りに苛《さいな》まれるのかもしれなかった。自分が生きてきたことに、意味はあったのか、と。

大学が長い休みに入ると、私は祖母に返事を書いた。いつも同じような当たり障りのない内容に、生活感の出るディテールを少しだけ加えた。
『大変なこともありますが、元気にやっています。カリフォルニアは空気が乾燥しているので肌が荒れます。おばあちゃんも体に気をつけて、元気でいてください』
どれくらいの時間が流れただろう。姉がこちらに振り返り、小さくひとつ頷《うなず》いた。祖母は寝息をたてていた。

子どもの頃、京都から祖母が訪ねてくるのを、私はいつも心待ちにしていた。祖母が近くにいるときだけは、生活の中の緊張感から不思議なくらい解放された。彼女は、たとえ相手が子どもであっても、適当にあしらったりはしなかった。その子を所有物の一つではなく、個性を持ったひとりの人間として抱きとめることができる人だったから。

祖母の手の感触を最後に確かめるように、もう一度しっかりと握り直した。

一緒に畑を耕した手。庭にビワの苗木を植えてくれた手。動物園の柵の前で、はっさくの皮をむいて食べさせてくれた手。寒風が吹こうが雪が舞おうが、私の気のすむまで何時間でも、祖母はそこに一緒にしゃがんで延々と皮をむき続けた。

祖母のいる風景が好きだった。話をするのも好きだった。少なくとも私に対しては、前向きなことを言う人だったから。きっと良い未来が待っていると、彼女は迷いのない言葉で繰り返した。そんなことを言ってくれたのは、身内では彼女ただ一人だけだった。

祖母の寝顔を両目に焼き付け、握っていた手を静かにといた。

母からのメールには、おばあちゃんが星になった、と書いてあった。私は携帯電話を握りしめたまま、ウランバートルの夜空を見上げた。享年九十二。大往生だ。

その二日後に、私はゴビ砂漠へと向かう車に飛び乗った。イスラエルから来ていた旅行者たちに席を一つ空けてもらって、キャンプ旅行についていくことにしたのだ。私たちを乗せた車は、広大な草原や砂漠の中を九日間かけて走り回った。馬にまたがった遊牧民が、羊を追って現れた。どこまでも平らな砂の大地をラクダの群れが移動していた。ラクダはふいに立ち止まり、ゆったりとした動きで振り返った。それからまた、あてもなさそうにゆらゆらと歩き、蜃気楼の揺らめきの中へと吸い込まれるように消えていった。

その夜はどこにもたどり着けず、砂漠のど真ん中で眠ることになった。遅い夕飯が終わると、私たちは各々のテントに戻って慌ただしく寝支度をととのえた。洗顔用具を取り出し、タオルを首にかけた。歯ブラシを口にくわえ、ペットボトルを小脇に抱えた。そしてテントから這い出したところで、私は思わず息をのみ、そのまま動けなくなってしまった。

圧巻だった。星クズを散りばめた真っ黒なドームが、頭の上から迫ってきたのだ。迫力に押しつぶされるように、私はその場に座り込んだ。ペットボトルを抱きしめたまま、息を凝らして星を見つめた。少しでも体を動かそうものなら、夜空に貼りついている大量の星が、バラバラと降り落ちてきそうだったから。

おばあちゃん？　と心の中で呟いた。ギャグみたいに星が多すぎて、どこにいるのかもわからない。

翌朝、テントわきで顔を洗っていると、おはよう、と後ろで声がした。

「よく眠れた？」

私は首を振り、あまりにも星がきれいだったので、眠るどころではなかったと言った。五十代半ばのその女性は、「確かにね。すごくキレイな星空だった」と、軽やかに微笑んで同意した。

「昨日の星空が素晴らしかったことに間違いはないわ。最高の星空の一つだったと思う。ただ世界には、信じられないような星空がまだまだあるわよ」

彼女は少し真顔になって、遠い目をして続けた。

「夫が生きていた頃は、よく二人で旅をしたわ。世界中を旅して回って、たくさんの美しい星空を彼と一緒に見てきたの。砂漠の星は素晴らしい。でもね、これまでに見た星空の中からマイベストをひとつだけ挙げるとしたら、私は北インドのラダックを挙げるわね。ラダックの山の中で見た、あのものすごい星空を」

「えっ、それだけ？」

話を聴いていたソルが、茶化すように訊き返してきた。

「ってことは何、そのイスラエル人がアタカマ砂漠の星がベストだって言ってたら、あなたは今ごろ南米に行ってたってこと？」

三人に笑われながら、私はこっくり頷いた。でもそのイスラエル人は、アタカマ砂漠とは言わなかった。彼女は「ラダック」と言ったのだ。

食事を終えて宿に戻り、ヌブラ渓谷に持っていくものをザックに詰めていると、誰かが部屋をノックした。ドアを開けると宿のアンティが立っていた。

「夕方、韓国人の男の子たちが来て、ずっとあなたを待っていたのだけど会えなかったからって。これを置いていった」

手渡された菓子缶の中には、うすむらさき色の錠剤の他に、頭痛薬など数種類の薬が入っていた。アスピリンが六つ減っているところを見ると、あれほど頑丈そうだった彼らでも、高度にはそれなりに苦しめられたのかもしれなかった。私は、受け取った薬を菓子缶ごとヌブラ行きのザックに詰め込んだ。

第2章

闇におびき出されるように

トゥルトゥク／フンダル／デスキット／レー

九月十三日　トゥルトゥク

朝のバス停でソルと落ち合い、私たちはヌブラ方面へと向かうローカルバスに乗り込んだ。バスは喘ぐようにエンジン音を立てながら、レーの街の裏手に伸びる曲がりくねった山道を走り、標高五三五九メートルのカルドゥン・ラ（峠）まで来ると検問所の前で停車した。峠には灰色の雲がたれ込め、外には雪がちらついていた。入境手続きを済ませて座席に戻ったあと、私は側頭部に張り出してきた嫌な痛みを押し戻すように、うすむらさき色の錠剤とアスピリンを飲んだ。

「痛いの？」とソルが言った。

「うん、少しね。悪化する前に飲んでおいた方がいいと思って。ソルは平気なの？」

北インドに来てずいぶんになるという彼女は、高度にはもう慣れていた。けれど寒さは応えるらしく、ジャンパーの襟口《えりくち》に首を引っ込めて、ほとんどものさえ言わなくなった。バスは峠を越えてしまうと、あとはヌブラの谷に向かって坂道をぐんぐん下っていった。

高度が下がり、雲が消え、青い空が戻ってきた。強い日差しが差し込んできて、私とソルはジャンパーを脱いだ。体が温まり頭痛がすっかり消えてしまうと、急にお腹が空いてきて、私はザックのポケットから一袋のプラムを取り出した。

「レーの露天商から買ったやつ、食べる?」

「おっ、いいもの持ってるじゃん」

私たちはプラムにかぶりついた。よく選んで買った甲斐あって、プラムはどれも甘かった。


ソルは私と同い年の社交的な旅人だった。彼女は流暢《りゅうちょう》な英語を話し、ユーモアのセンスも持ち合わせていた。母国のチリではトレッキングガイドとして国立公園で働いたことがあり、旅に出る直前までは、友だちの経営する建築会社でデザイナーとして仕事もしていた。「楽しい時間だった」と彼女は言った。

「とはいえ、もっと他の道もあるんじゃないかって、模索しながらではあったのだけど」

仕事にせよ、友人関係にせよ、彼女は何か特定のものについて「恵まれていなかった」タイプの人ではなかった。家族構成が多少入り組んでいたことを除けば、彼女はごく普通に見える三十五歳の健康的な女性だったし、たとえ問題が見つかったとしても、彼女なら持ち前の機転を利かせてうまくスルーできてしまうだろう。世の中をぐるりと見渡してみれば、もっとはっきりと目に見える悲劇や、形を持った不幸の類《たぐい》は、いくらでも見つけることができた。もっと不器用にしか生きられない人だって、この世界にはたくさんいる。

それでも三十代も半ばに差しかかったとき、彼女は自分の中に欠けていたあるものについて、どうしても放っておくことができなくなった。

「心の平穏がなかったの」

と、ソルは言った。そして五ヶ月前、彼女は仕事を辞めて旅に出た。

「身の回りで起きていたこと、そのときに取り組んでいたこと、何でもいいけど、ともかくそこから離れるべきだと思ったの。自分自身と向き合う時間が、私にはどうしても必要だった。あのままずっと同じところで同じことばかりやり続けていたら、そのうちに狂ってしまう気がしたから」

チリを出発すると、ソルは地球の裏側にあるアジアの国へまっすぐ向かった。ネパール、中国、ベトナムを周り、それからインドにやって来た。やって来るとどこよりも先に、ヴィパッサナー冥想《めいそう》が体験できる、とある施設を訪れた。そこで彼女は一〇日間、一切のおしゃべりを放棄して自己観察に取り組んだ。きつい体験だった、と彼女は言った。ものを言わないソルの姿を想像するのは難しかった。冗談を言わないソルの姿は、もっと想像できなかった。

「なんだかとても大変そうだ」と私は言った。けれど同時に、誰とも話さなくていいというのは、なんだかとても気楽そうでもあった。私たちは日頃の生活の中で、一体どれほどの沈黙を許され、孤立を認められてきたのかと、考えてみないわけにはいかなかった。ソルは、人と話さないという部分については、実はまったく難しくなかったのだと言った。「ヴィパッサナー瞑想の一番きついところは、そこではないの。自己というか、自分の意識そのものだけに集中するというのが、とにかく大変だったの。しかもあんなに長い間やり続けるわけだから……。意識の中なんて、どこまでも雑音だらけだし、頭の中のおしゃべりはまるで止むことがないし。そんなわけで、ぐったりだった」

谷間から突き出した丘の上に、色づき始めた段々畑が見えた。渓谷の絶景に身を埋めながら、村人たちは黙々と手を動かしていた。いま動かさずして、いつ動かすんだい、と言わんばかりに。

それで、と私は言った。「心の平穏は手に入ったの？」

ソルはニヤリと笑って、まだまだかかりそうだ、と言った。

「だから迷っていたんだけど、このままもう少し旅を続けようと思うの。旅を始めたときは五ヶ月だけのつもりだったし、帰国便のチケットももう買ってあるんだけど……」

私は何も言わずに、続きに耳を傾けた。

「チリで持っている車が売れたら、あと半年か、一年くらいは続けられると思うから」

「いいんじゃない？」と、私は言った。

「私もそう思う」と、ソルが言った。

私たちを乗せたバスは、気まぐれな停車を何度も繰り返しながら、ヌブラ渓谷を北西へと進んだ。どこまで行くのか、なぜ停まるのか、いつまた出発するのか、そうした実際的なことは何ひとつとしてわからなかった。バスが行きたいと思うところへ、行きたいと思うときに、連れていってもらうしかないのだ。ただ、ひとつだけ確かなこともあった。それは、いつどこへどんな手段でたどり着こうと、ソルは私と同じように気にはしないということだった。これから起きる何かに対して、あるいは誰かに対して、私たちは不安や残念な気持ちを抱く必要がなかった。ものごとを計画通りに乗り切ろうとするには、私たちはどちらも、旅を長くやりすぎていた。

バスは、谷間を流れるシャイオク川に沿って走り、ある大きなつり橋の近くまで来ると、またなんの前ぶれもなく停車した。エンジンの音がやみ、運転手がバスを降りた。乗客たちもぞろぞろと立ち上がり、荷物を抱えてバスを降り始めた。

「バスはここでお終いだ。さあ、行こう」

入り口に向かっていた乗客の一人に促され、私たちもバスを降りることにした。事情はよくわからなかったけれど、川に向かって歩き出した他の乗客のあとに続いて、ザックを担いで河川敷に下りた。ごろごろした石の上を進み、そのまま木造のつり橋を渡った。橋はギシギシ音をたてて揺れた。古い床板は傷みが激しく、そこら中に穴があき、そのところどころにツギハギが施《ほどこ》されていた。橋の半分を過ぎたところで振り返ると、カメラを構えたソルの姿がずっと後ろに見えた。

橋を渡りきり、私たちは川の反対側を崖伝いに歩いた。岩の間を進んでいくと、川をはさんで向こう側に大きく崩れ落ちた岩壁が見えた。バスが進むはずだった舗装道は、大量の土砂に押しつぶされて通行不可能になっていた。九月初めに一帯を襲った予想外の大雨は、インド北端の村々へと伸びる一本の道路を寸断し、村人は徒歩での移動を余儀なくされていたのだ。

崖の傾斜がきつくなり、私たちの行く手の壁は限りなく垂直に近づいた。岩肌をえぐるようにつけられた小道は、次第に道幅が狭くなり、ところどころ崩れているところもあった。切れ落ちた道の端から数十メートル下にはシャイオク川が流れていたが、もちろんそんなものは見たくもなかった。私は腰を落として、少し前の足場と頭上の岩のでっぱりにすべての意識を集中させた。恐怖にせよ、不安にせよ、感じてみるのは自由だったが、そんなものを感じたところでなんの助けにもならないことは明らかだった。今の自分にできることは、目の前の一本の小道をはみ出さずに歩くこと、それだけだ。

難しいポイントを通り過ぎ、崖の下まで下っていくと、迎えにきた数台の車が私たちを待っていた。車に分乗した村人たちが一斉にその場を去ったあと、一台だけ残ったトラックの荷台に私たちも乗せてもらうことになった。荷物を先に投げ込んでから、荷台をよじ登っていくと、バスで途中から一緒だったドイツ人のカップルと、それからもう一人、アジア系の若い男性が荷物に埋もれて乗っていた。私は「ハロー」と声をかけ、どこから来たのかと英語で訊いた。彼はよく日に焼けた顔で「ジャパン」と答えた。青年は名前をヨシオといった。

「これよりすごい星空って、あるんですかね?」

南の空を見上げながら、ヨシオ君が興奮気味に言った。そこはパキスタンとの国境に近い、ヌブラ渓谷北端の村、トゥルトゥクの民家の屋上だった。ヨシオ君は二十代半ばのバックパッカーで、関西弁を話した。トラックの荷台にいたときは言葉少なだった彼も、星の撮影が始まると急に興味が湧いたらしく、楽しそうに話しかけてきた。私は親しみを込めて関西の言葉で返した。そして、写したばかりの星空を液晶モニタで確認しながら、これを超える星空はないかもしれない、と彼に言った。

「ただ、もうないやろう、もうないやろうって、毎回思ってるわりには、今夜もまた同じこと思ってるけど」

ヨシオ君が、あごを夜空に突き出したまま笑う。そして、これまでに私が見たものの中で一番印象に残っている星空が知りたいと言った。

「一番って言うと難しいな……。それぞれ違うよさがあるから」

それは星空に限ったことではなかった。旅先で触れるものには、たいてい順位をつけることができなかった。一番美味しかった食事にせよ、一番よかった国にせよ、そういった類の問いにはまともに答えられたためしがなかった。旅先では多くの絶景を目にしたし、たくさんの珍奇な話も聞いた。いくつかの残念な体験があり、それを上回る数の奇跡的な出会いがあった。差し伸べられた手のあたたかさに涙したことも一度や二度ではない。しかしそれらの経験を比較し、順位をつけることはできなかった。

チベットで見た星々には、大空を射抜く力強い発光があったし、モザンビークの浜辺の夜空は、天の川でまっぷたつに切り裂かれていた。モーリタニアのトロッコ列車は、サハラ砂漠に降りそそぐ流星の中を走り抜けていった。どれもこれも、すごい星空には違いなかった。

シャッター速度を二〇秒に設定し直し、私は「もう一回いくよ」と声をかけた。私たちは動きを止めて、沈黙の中で時《とき》を数える。一、二、三、四……。

なぜだろう、昔見た星空を思い出すとき、胸の内には星それ自体の美しさとは別に、ささやかなストーリーが浮かび上がってくる。その頃大切にしていたものや身の回りで起きていたこと、揺れていた思いの一つひとつが、鮮やかに思い出されてくるのだ。

カチャッと音がして、液晶モニタに天の川が現れた。ヨシオ君が「おお〜」と声を上げた。声を上げたきり静かになった。彼はじっと口を閉じ、夜空にいっぱいの星を見ていた。私も作業の手を止めて、黙って頭上の星を見つめた。

なぜだろう、人は圧巻の星空の下で、声を細らせ言葉を忘れる。一八年前のあの夜もそうだった。研修で訪れたマレーシアの深い森の中から、私たちは星空を見上げた。私たちは十六歳で、高校一年生のカリキュラムを終えたばかりだった。もちろんミヅキも一緒だった。私たちは「うわ〜」と言って息を吐いたきり、言葉を忘れて立ち尽くした。次に語るべきことが、まるで思いつかなかったのだ。

ミヅキと最初に知り合ったのは、その一〇年前、私たちが六歳のときだった。ただし私たちはまだ小さかったから、それは「知り合った」と言えるような意識的なものではなく、また記憶に残るものでもなかった。小学校に入学した年に、たまたま同じクラスになった。それだけのことだ。しかも、その年のミヅキについて覚えていることは一つしかなく、それを除けば私は、彼女が同じ教室で学んでいたという事実さえ確信がもてなくなってしまう。ミヅキは何かをやらかすような目立つ子どもではなかったし、またそれ以上に、私は自分以外の誰かのことに注意を払うような子どもではなかった。比較的すぐに仲よくなった他の子どもたちとは違い、ミヅキと話をするまでには長い時間がかかった。私たちはどちらも、自ら積極的に人に話しかけていくタイプではなく、また小学一年生の日常には友だち作りの他にも心配すべきことがたくさんあった。

ある午後、私たちは教室の後ろのロッカーの前で、初めて言葉を交わした。具体的な会話の中身は、残念ながら覚えていない。けれどあの日、ミヅキと目が合った瞬間に自分の中に巻き起こった小さな嵐のことは、それから何十年たっても忘れることがなかった。ミヅキは、他の子どもたちとは違っていた。一人だけ、まったく違う存在だったと言ってしまってもいい。それは彼女が、突出した何かを持っていたとか、奇抜だったという意味ではないし、また特別な存在感を放っていたということでもない。たとえば足が速かったとか、笑いのセンスがあったとかというような、容易に特定したり、言葉で言い表すことのできる違いではなかった。ミヅキについて説明するのは難しい。どんなカテゴリーを用意しても、彼女は必ずそこからは、はみ出してしまう。

あの午後、私は他のクラスメイトたちと教室の後ろで遊んでいた。その中にはミヅキもいたが、なぜそこに彼女がいたのかはわからないし、またとくに気に留めたりもしなかった。私たちはふざけてロッカーによじ登り、私は思いついたことを何気なく口にした。そのときだった。ミヅキが突然身を乗り出してこちらに視線を向けてきたのは。彼女の栗色の瞳が私の両目をとらえると、もうミヅキ以外の他の子どもは誰も視界に入らなくなった。ミヅキが向けてきた注意力は、人から向けられたどんな注意よりも混じり気のない鋭くてまっすぐなものだった。私はこのとき初めて、「誰かと目が合う」という体験をした。ただ目線が合ったというのではなく、ミヅキが私の両目からスッとこちらに入り込み、中にいる私をつかまえにきた感じがしたのだ。ミヅキは私の話に頷き、「わかる」と言った。もちろんずっと昔に起きたことだし、もしかしたらミヅキは言葉に出してそう言ったのではなかったかもしれない。ただミヅキが私の話の意図を正確に理解したことは、はっきりとこちらにもわかった。私はこのとき初めて「言葉が通じる」という確かな手応えをつかんだ。私は身を乗り出して、ミヅキにもっとしゃべりかけた。私はミヅキから、ミヅキは私から視線を離さなかった。私はミヅキに向かって話し、ミヅキはそれをおそろしく研ぎ澄まされた集中力で聴いていた。それから何かを言おうとして、彼女はしばし宙を見つめた。うず巻く思考をもて余すかのように、ミヅキはじっと考えていた。視線が小刻みに揺れていた。私はミヅキの横顔を見ていた。少なくとも私が知る限りでは、心の中のこまやかな動きを、あれほど繊細な表情で表す子どもはいなかった。ミヅキは、慎重に言葉を選びながら考えついたことを教えてくれた。彼女は曖昧な返事をしなかった。借りてきた言葉や受け売りのアイデアで適当にやり過ごしたりもしなかった。言うなればミヅキは、ごまかしのきかない人だった。日常生活のほとんどすべてが、ごまかしと惰性と慣例だけで回っているというときに、ミヅキただ一人だけが、そうではない世界を生きていた。少なくとも私にとって、それが「ミヅキ」という存在だった。

私はずっと前から、彼女に話しかけるチャンスを待っていたような気がした。そしてミヅキもまた同じように待っていたのではないかと期待した。できれば親しい友だちになりたかったし、そうなれる予感は十分あった。

しかしミヅキについての記憶は、そこでいったん途切れてしまう。ロッカー事件のすぐあとに、彼女が転校してしまったからだ。行き先はアメリカだった。大学教授だった父親のサバティカルで、ミヅキは家族と一緒に日本を離れ、アメリカで学校に通うことになった。彼女がいつ、どんな言葉を残して教室をあとにしたのか、私はさっぱり覚えていない。彼女はいつの間にかいなくなり、私は彼女のことを忘れた。次に思い出したのは、ミヅキが帰国して、二年三組の教室に突然現れたときだった。先生はミヅキの転入を知らせるついでに、私たちにこんなアドバイスをした。

ミヅキが忘れてしまった日本語を私たちが彼女に教え、その代わりにミヅキが身につけた英語を教えてもらうように、と。

なるほど、と私は思った。先生からの提案には合理性があったし、ミヅキとまた話をするきっかけだって作れるかもしれない。すぐにでも実践するべきだろう。しかしそれは、私が思い描いたほど単純なことではなかった。ミヅキは、私たちから日本語を学ばなければいけないほど、日本語を忘れてなんかいなかった。それにミヅキにしたところで、英語を教えるといって、いったいどこから始めればいいのかわからなかったに違いない。周りにいるのは、英語の「え」の字も知らない田舎の子どもたちばかりだったのだから。そして私もまた、そうした子どもの一人にすぎなかった。

帰国したミヅキに、私は一度だけ話しかけたことがあった。とくに深い考えがあったわけではなく、先生がアドバイスした通り、英語を教えてもらおうとしたのだ。私としてはただ、無邪気に話しかけたつもりだった。一瞬だけ目が合ったあと、ミヅキは視線を逸らして、えっと……、と呟いた。そう言ったきり彼女は黙り込んだ。困惑した表情を浮かべ、彼女は言葉を探していた。ミヅキはあの時、本当に、本心から、何を言ったらいいのかがわからなかったのに違いない。

「英語の、何が知りたいの？」

ミヅキはいかにも居心地が悪そうに、乾いた声でそう言った。

「えっと……」

私たちは、その場からあとずさるように会話を終わらせ、そのあとはもう、ほとんど口をきくことも、目を合わすことさえしなかった。

ひどく無教養な田舎の子どもたちが、ディス・イズ・ア・ペン、を習い始めたのは、それから五年もあとのことだった。

「そっちはどう、いい星は撮れたの？」

ソルの声がして、私とヨシオ君はテーブルの方を振り向いた。屋上の一角に明かりが灯され、階下からはカレーの香りが立ちのぼってきた。スパイスの香りに導かれるように、ドイツ人のカップルも梯子《はしご》を上ってきた。私たちは撮影をほったらかして、テーブルへと急いだ。長かった一日の終わりにやっとありついた、ありがたい食事だった。

九月十五日　フンダル

ふた晩の民泊のあと、朝トゥルトゥクを出発した私たち五人は、二日前にやってきた道をレー方面に向かって八三キロ戻り、昼過ぎにはフンダルという村に着いた。標高が三〇〇〇メートル前後とレーよりも低いこの辺りでは、息をひとつ吸うごとに肺や脳の隅々にまで酸素が染み渡っていく感覚があった。どうやら、旅を始めてから一度目の身体的覚醒が起きたらしい。夜の眠りは沈み込むように深く、朝の肉体は浮き上がるように軽い。

夕飯を終えたあと宿に戻り、部屋に隠れてラム酒を飲んだ。グラス一杯のソーダ割りを飲んだところで、ソルはベッドに横になるとあっというまに眠りに落ちた。私は部屋の明かりを消して、代わりにヘッドライトを点けた。それから窓をそっと開き、カメラを持って屋上に出た。

宿の屋上に三脚を立て、南の空にレンズを向けた。シャッターをそっと押してから、静けさにじっと身を任せた。外灯の下に、ひと気のない田舎道が見える。その奥にそびえ立つ山々の黒く伸びる稜線の上に、今夜もまた強い光を放って、星々が瞬《またた》いている。

帰国子女というものに対して、ミヅキがどのような感情を持っていたかはわからない。けれど好むと好まざるとに関係なく、彼女はそれをアイデンティティの一部として生きていくことになった。そして周囲はその新しい単語で彼女を認識するようになった。もちろん学校の外に行けば、ミヅキのように海外経験を持つ子どもたちは他にもたくさんいたのかもしれない。けれど私たちが学んだ教室には、そんな子どもはミヅキの他にはいなかった。帰国子女。その新しい単語は、ある状態をひと言で言い切ることができる手ごろな言葉の一つとして、私たちの日常に加えられた。均質であること以外になんの特徴もない、「平凡さ」の上に成り立つ私たちの日常の中に。帰国子女、ひとりっ子、母子家庭、語呂さえよければあの頃は、なんだってよかったのかもしれない。

小学三年生に上がると、ミヅキと私は再び同じクラスになった。組みがえは二年に一度しかなかったから、これで五年生に上がるまで、ミヅキとは小学校入学時から四年間ずっとクラスメイトだったことになる。けれど不思議なことに、小学三年生だった一年間をミヅキがどのように過ごしたのか、私は何ひとつとして思い出せない。「ミヅキ」という存在は、ちょっと奇妙に感じるくらい、あの当時の私の記憶からスッパリと抜け落ちてしまっているのだ。

私たちの担任は中堅の男の先生だった。女の先生とは違ってヒステリックなところがなく、彼はよく冗談を言って私たちを笑わせてくれた。先生のやさしい笑顔の中に、大人としての、男としての、そして中堅の教師としての余裕を感じ取ることもできた。私たち生徒も、先生の言いつけは比較的よく守った。大人の男を本気で怒らせるような度胸は、まだ小学三年生の私たちにはなかったからだ。

あの日、放課後の教室には数人の生徒が居残り、先生に話しかける機会をうかがっていた。先生は誰かが話しかけていけば、いつだって気さくに応じてくれたし、私はそんな先生の姿が見られる放課後の時間が好きだった。

「先生、保護者面談のことでちょっと話があります」

あの午後、そう言って先生の前に進み出たのは、普段はあまり発言しないある女の生徒だった。彼女とは、小学校に入学したときから三年続けて同じクラスだったが、とくに仲がよかったわけではなかった。けれど同じように三年続けて同じクラスだったミヅキとは違い、その子と同じ教室で学んでいたという事実を、私は鮮やかに思い出すことができる。彼女は彼女らしいキャラクターで、私たちの教室にしっかりと存在していた。彼女は幼い頃に母親を亡くしていた。バイクの事故だったと誰かから聞いた。授業参観や運動会には、よく父親や祖母が来ていた。父親は、彼女と弟のことを大切にしているようだったし、祖母は母親の代わりとなって、それこそ必死になって二人の孫の面倒を見ていた。祖母はよく学校にもやって来て、廊下で会うと「仲ようしたってな」と、周りの子どもたちに声をかけていった。そしてその子は、そんなおばあちゃんの、そしてお父さんの思いに応えるように、明るく前向きな学校生活を送っていた。少なくとも、母親を凄惨な事故で失ったことへの悲しみや、寂しさのようなものを彼女から感じたことはなかった。

保護者面談のことで、と言って先生の前へ歩み出たとき、彼女が少しばかりの勇気をふり絞ったことは明らかだった。彼女は緊張を押し隠すように、いつもより茶目っ気のある声で続けた。

「今度の面談は、フィリピンのお母さんが来ます」

彼女はそう言って微笑んだ。私にはすぐに、誰のことかがわかった。まだ三年生に上がる前のことだったけれど、彼女が真っ白なサンゴの欠けらを分けてくれたことがあったからだ。それは、フィリピンの浜辺で「お姉さん」が拾ってきたものだと彼女は言った。そして、とくに仲がよかったわけでもない私にも、彼女はその白いサンゴの粒をプレゼントしてくれた。フィリピンには透き通る美しい海があり、浜にはこうした真っ白なサンゴの破片がいくつもいくつも落ちているらしかった。喜ぶと、彼女はもう一つ大きめの破片をくれた。

「今度お姉さんがフィリピンに帰るときに、もっと持ってきてもらうね。そしたらまたあげる」

私はサンゴの破片を家に持って帰り、古い切手やキーホルダーと一緒に宝物箱に仕舞った。そんなことがあったあとしばらくして、フィリピンのお姉さんは学校にもやってきた。お姉さんに微笑みかけられると、私たちはもう、デレデレするより他になかった。お姉さんは、ぬくもりのある笑顔が特徴的な、めちゃくちゃかわいい人だったから。そんな人が、たかが小学二年生の田舎の子どもにかまってくれるなんて、やさしくしてくれるなんて、それは信じられないことだったのだ。だからその女の子が、フィリピンのお母さんが面談に来ると言ったとき、私は喜んだ。そして同時に、勝手も言葉もわからない外国の小学校で保護者面談に臨むというのは、どんな気持ちがするのだろうと考えた。なんて不安なことだろう。なんて勇気があるのだろう、と。彼女は、それで、と言葉を続けた。

「できれば英語でお願いします。お母さんは、英語を話しますから」

すると先生は、えっ、と言ってあからさまに顔をしかめた。

「なんだそれ、英語って」

予想外の冷めた反応に放課後の教室が静まり返った。

「無理に決まってるだろ、そんなの」

そんな風に返されても、彼女は笑顔を崩すこともなく、先生お願いしますよぉ、と甘えるように食い下がった。私はただただ驚いた。万能だと信じていた先生が、英語がわからないと言ったことに驚き、わからないぐらいで不機嫌になったことにもっと驚いた。さらには、そのような大人げない態度をとる先生との会話をなんとか取り繕《つくろ》おうとする彼女の強さにもっともっと驚いた。しかし、そうは言っても冗談のわかる先生のことだから、きっと最後には「参っちゃったなぁ」と頭を掻《か》いて、でもなんとかやってみようと言ってくれるに違いない。そして、いつものようにニッコリ笑って、勇気を出して話しにきた彼女に励ましの言葉をかけてくれるはずだ。私はそう思おうとした。ほとんど、祈るようにして。

「日本語にしてくれよ。ここは日本なんだから」

先生は突き放すようにそう言った。私はショックで泣き出したくなったが、彼女は泣かなかった。引き下がりもしなかった。

「えっと、日本語も少しはわかります。でも話したりするのはまだうまくないから英語の方がいいって、お母さん言ってた。だから先生、お願いします」

彼女はかわいく笑い、ぺこりとお辞儀までした。

「だから無理だって言ってるだろ」

先生はイラつき、そしてついにはキレてしまった。大の大人が、しかも男の先生が完全にキレてしまうと、私たちはその場に凍りついた。

「いい加減にしてくれよ、もう！」

それ以上はもう、彼女にとりつくしまも与えず、先生はそっぽを向いてしまった。彼女はそれでも泣かなかった。少なくとも、私たちの前では涙のひとつも見せなかった。

フィリピンのお母さんについて次に思い出したのは、それから数年が過ぎたある放課後のことだった。数人組のグループに呼び止められると、彼女たちは例のお母さんについて訊いてきた。正確には、そのお母さんがフィリピンの出身であることについて同意を求められたのだ。私がそうだと返すと、グループの女の子たちは互いに顔を見合わせた。それからリーダー格が、つまりあの子のおとんは、と声を落として言った。

「そういうところに出入りしとったっちゅうことや」

彼女たちは笑いをこらえながら、もう一度顔を見合わせた。

リーダー格の女の子は、近所に住む私の幼なじみだった。彼女は、年の離れたお兄さんをその何年か前に亡くしていた。とても優しい、むしろ優しすぎたせいでひどい目に遭わされることも多かったお兄さんだった。そして、そのお兄さんの死がどのようなものであったかを、訊いてもいないのに詳しく教えてきたのは、近所に住む別の友だちの親だった。

そんな街の片隅で、私たちは生きていた。そんな学校のどこかには、ミヅキだっていたはずだった。存在感をさっぱりと消して、どこかには隠れていたはずだった。ミヅキはあの頃、あの教室で、何を思っていたのだろう。

九月十六日　デスキット

遅い朝食をとったあと、私たちは荷をまとめ、フンダルの宿を出発した。ヨシオ君とはここでお別れとなり、ソルとドイツ人のカップルと私の四人で、次の街まで歩くことにした。レー方面に約八キロ戻ったところにあるデスキットという街だった。そこまで戻っておけば、帰りの交通手段の見通しがたつ。

フンダルからデスキットまでのプチハイキングの間に、確認しておきたいことが三つあった。一つ目は、マルカ渓谷でのトレッキングに向けた体調だ。標高三一五〇メートルのこの区間を、とりあえず問題なく歩けるかどうかを確かめることにした。ここでもし、少しでも違和感や疲れがでるようでは、とてもではないがマルカ渓谷を一人で歩き通すことなどできない。ラダックに来てから、この日でちょうど一〇日目となり、もう頭痛や息切れは起こらなくなっていた。村周辺の散策や、ちょっとした岩登り程度のことは、なんなくこなせるようになっていた。あとは、マルカ経験者のソルのペースについて歩くことができれば、自分なりの目安として、マルカへのゴーサインが出せるだろう。

次に、ザックの背負い心地もチェックしておく必要があった。この旅のために新調した五〇リットルのバックパックは、まだ体に馴染んでいなかった。ベルトの位置や背中のパッドも正しく調整できていない。適切な位置は、とりあえず歩いてみるより他に測りようがなく、今日はその唯一にして最後のチャンスだった。一〜二キロの歩行では表面化しない問題も、五キロ、一〇キロと距離を重ねていけば必ず出てくる。最初は気にもとめなかったようなわずかなズレや違和感が、一定の距離を超えたあたりから、肩や腰骨のまわりといった身体の弱い部分を狙い澄ましたように痛めつけてくるのだ。今日の八キロの間に、できるだけ問題を洗い出し、自分とザックとの相性を改善しておかなければいけない。

それから、ちょっぴり恥ずかしいことではあるけれど、私は登山用のストックというものを未だに使ったことがなかった。そもそも登山をやったことのない人間が、ストックを持っているということの方がおかしいのだ。今回だって、山の中へ星を見に行くというミッションがなければ、ストックが持ち物リストに上がってくることはなかっただろう。新品のストックは、まだ手つかずのままザックのサイドポケットに刺さったままで、それは冗談まじりに「おかざり」と呼ばれていた。どう使うかという問題以前に、いつ使えばいいのかさえわからなかった。

「ついに、ストックの出番がきたわね」

フンダルの宿を出る前、庭でスクランブルエッグを食べているときに、ソルはそう言って私に目くばせした。「マルカに行ったらきっと役に立つから、一度くらいは練習しておいた方がいい。私が使い方を教えてあげるから」

私たちは谷間にできた平地に沿って、写真を撮りながらのんびりと歩いた。途中、小川に行く手を阻まれると、靴を脱いでズボンをたくし上げ、浅瀬を選んで順に渡った。濡れた足を乾かしながら、「川渡りは、できるだけ午前中に終えた方がいい」とソルが言った。

「マルカでも川渡りが何度か出てくるんだけど、午後になると雪どけ水で小川の水量が増えるみたいなの。私が午前中に渡った同じ場所を午後に渡ろうとしたイスラエル人のグループは渡りきれずに、いったん引き返したって言っていたから。私とそのニュージーランド人のよわ虫くんは、水量が膝まででであれば渡るというルールにしていたの。だからあなたも、水が膝上まであるときは潔《いさぎよ》く諦めた方がいい。雪どけ水って、結構な勢いで押し寄せてくるから」

くつ下を履きながら、余裕のあるスケジュールを組もうと思った。九月初旬に起きた大洪水と季節外れの降雪の影響で、一人《ソロ》でマルカに入ったトレッカーが死亡したという噂も聞いていた。とにかく無理はしないことだ。ひと足先に歩き出したソルが振り返り、「ストックの調子はどう?」と私に声をかけた。

「うん、気分はもう本格派トレッカーって感じ」

「あっそう。一応、格好だけはついてるじゃん」

ソルはふっと笑いを残して前に向き直ると、行く手に現れた羊やヤギの群れを元気にかき分けながら進んでいった。

デスキットに着いた私たちは、街中を探しまわりやっと一本のラム酒を手に入れた。夜を待って二階の部屋にこもり、てきとうな口実を考えて四人で祝杯をあげた。コーラ割りで飲みやすかったせいか、彼らはどんどんピッチを上げた。ソルは呂律が怪しくなり、私の言葉尻をとらえては論争をふっかけてくるようになった。まったく……。やられた以上はやり返すしかない。反撃を開始したところで突然、視界から彼らが消えた。

「……ん」

「……」

「停電?」

「あれ、……ライトがどっかに」

「あるある、ちょっと待って」

彼らがスマートフォンを点けると同時に、私はポケットからヘッドライトを取り出した。

壁に青白い光が浮かび上がり、飲み会はすっかり白けてしまった。停電を機に立ち上がった私を、ソルはとろんとした目で見上げ「何？」と言った。

「星。ちょっと行ってくる」

「今から？」

「うん」


ミヅキは読書が好きだったのだろう。同時に、本を開くことは彼女にとって、この世界と一定の距離を保つための緩衝帯《かんしょうたい》のようなものだったのかもしれない。

あの日、スケッチを終えて学校へ戻る電車の中で、ミヅキはただ一人、静かに本を読んでいた。その年の写生大会の課題が電車だったということは、私たちは四年生になっていたはずだ。近鉄の車庫があった白塚という町の駅で、私たちは数台の車両を囲み、画用紙を広げて一日を過ごした。昼になると仲のいい者で集まって弁当を食べ、午後は車輪まわりのディテールをさらに入念に描き込んだ。そしてひと通りのスケッチが完了すると、片づけを終えた者から順に停車してあった電車に乗り込んだ。ドアを開放したままの車内はがらんとしていて明かりもなく、当分は出発する気配もなかった。

画板を担いで乗り込んでいくと、一人で座っているミヅキが目についた。横長の座席にポツンと腰かけて、彼女は本を読んでいた。同じクラスだったとは言えまったく交流はなく、ミヅキを身近に感じたのは実に久しぶりだった。私は一緒に弁当を食べた他の二人の友だちと、ミヅキの向かいに並んで座った。車内にいるのは私たちだけだった。にもかかわらずミヅキは、顔も上げなければ私たちに気づいているという素ぶりさえ見せなかった。ただクールに本を開き、黙々と読書を続けていた。私はミヅキが開いている本のタイトルに目を凝らしてから、隣の二人に話しかけた。もちろん、ミヅキにもわかるように目を凝らし、ミヅキにも聞こえるように話した。そうやって彼女の気を引いて、会話のきっかけを作ろうとしたのだ。けれどミヅキときたら、チラッとこちらを見ることさえしなかった。

私はとうとう身を乗り出してミヅキに話しかけた。

「それ、英語の本?」

ミヅキは本から顔を上げ、二度軽く頷いた。

「わかるの?」

ミヅキはまた無言で頷いた。

「すんごーい」

私は隣の二人に同意を求めるようにそう言った。二人も「おお〜」と声を上げたが、それ以上会話は続かなかった。ミヅキがすぐに視線を落とし、物語の世界に戻ってしまったからだ。
それが、小学校時代のミヅキと交わした最後の会話だった。もっと言うと、同じ中学校にいた三年間にも、話らしい話は一度もしなかった。私には人見知りをするという弱点があり、ミヅキにはさらに輪をかけてその傾向があった。そういう二人の人間が、たとえば部活動で毎日顔を合わすといったような物理的な外圧もなく、お互いの意志だけで歩み寄るなんてことは起こらない。実際に、私たちは別々の部活に所属していた。クラスもずっとバラバラだった。それに、小学校時代のお互いを少しだけ知っているという恥ずかしさもまた、私たちを微妙な距離に遠ざけ続けた。

宿の庭に三脚を立てて、見上げるようにカメラを構えた。庭を囲むように植えられた背の高い木々の合間から光の粒がたくさん見えた。街じゅうの灯りが消えたおかげで、さっきよりも静かで平和な闇が辺りを包み込んでいる。

中学校での三年間をミヅキがどのように過ごしたのか、直接的には何も知らない。私にわかっていることと言えば、こちらが勝手に想像したこと、噂で耳にしたこと、もしくは卒業したのちに本人から聞いたことしかない。ただ、一つはっきりしているのは、中学校に進学したあと、私が「ミヅキ」という存在を改めて思い出したことだった。小学校にいたときは、同じ教室にいることも忘れてしまうほどだったミヅキを、中学校に上がった途端に、はっきりと意識するようになった。――校内では顔を合わすことさえほとんどなかったにもかかわらず。理由は二つあった。一つは中学一年生になって英語の授業が始まったこと。英語を学び始めると、自然とミヅキを思い出した。とくに英語という新しい科目に私が手こずっていたせいで、その対極にいるミヅキのことを気にせずにはいられなくなったのだ。ミヅキにとっては、こんな授業も教科書も、子どもの遊び以下なのだろう。きっと英語のテストなんて見た瞬間に答えがわかってしまうのだろう。そんな想像をすることが増えた。しかし校内の噂によれば、ミヅキは英語の試験のたびに満点をとっていたのではなく、また一番でもなかったようだった。その噂は私の心を軽くした。なぜならミヅキに解けない問題なんて、解く必要もないと思えたし、つまりは受験英語の無意味さが証明されたようなものだったから。所詮その程度の英語など、できなくったっていいじゃないかと、私は自分のテスト結果を肯定することができた。

ミヅキを思い出したもう一つの理由は、ミヅキのような家の子どもが私と同じ中学校に通ってきたということにあった。小学校の卒業と同時に、親の年収や職業に合わせて、何割かの生徒たちは私立や国立の中学に進んだ。医師、弁護士、行員、教授、マスコミなどのインテリ家庭の子女に加え、地元の名士や事業家など裕福な家庭に育った子どもは、中高一貫の私立校に進むことが少なくなかった。小学校の頃から塾に通って着々と準備を進めていたのだ。そして、その他諸々の生徒たち、つまりは中学に行くために何らかの準備が必要だとは思わない家に育った子どもが、市立中学にそのまま進んだ。その中にミヅキがいたことは、驚くほどでもなかったけれど、そこそこ気になることではあった。なぜなら、ミヅキの家のレベルであれば、私立に行くこともできたはずだし、よりストレートな言い方をすれば、公立を避けることだって普通にできたはずだったから。

　良家の子女がごっそり抜けると、生徒たちの構成比には、それまでにはなかった偏りが生まれた。早い話が、全体のレベルが低下したのだ。暴力や家出やリストカット、窃盗やいじめは茶飯事となり、授業崩壊が常態化して勉強どころではなくなった。ただ、それ以上に深刻だったのは、生徒たちの質の低下に呼応した教師の思考のあり方だった。教師たちの大半は、管理することに必死だった。押さえつけ、矯正し、統制を図ることだけにあらゆる情熱を傾けていた。服装、頭髪、言葉、態度、そして精神の乱れについて、生徒たちの欠点を隅から隅まで見つけ出しては、一から調教し直した。ただ言うまでもなく、そうした指導のほとんどは、人の成長を助けることや豊かな人生を送ることには一ミリも貢献しなかった。人の器、というものについて考えてみるきっかけぐらいには、多少はなったかもしれないけれど。

「うちなんか髪も茶色いし、ちょっと天パも入ってるから。それに英語のこととかも相まってさ、もう本当にぐちぐちぐちぐち言われたよ。なんやお前、ガイジン気取りしてんじゃねーぞみたいなこと」

ミヅキがそう打ち明けたのは、私たちが中学を卒業し、高校に進んだあとだった。

「だから地毛やっつーの。染めてないわって、何回も言っとるのに疑ってきてさ。そっちこそ何なんやって。あいつらこそマジ腐っとるわ、人として」

ミヅキがそこまで怒るのも、なかなか珍しいことだった。そんなことを言われていたとは、話を聞くまで知らなかった。私はミヅキの髪を見つめた。それは六歳のときから知っている見慣れたミヅキの髪だった。くるくるっとカールした栗色のきれいな髪の毛だ。

九月十七日　レー

レーに戻ったソルと私は、パルーゲストハウスの一室でそれぞれ荷造りに追われた。昨日、下弦を迎えた月は、これからどんどん細くなり、いよいよ明日には星追いの本番が始まろうとしていた。ソルは明朝のヴァンでパンゴン・ツォを見に行ったあと、別の車を探して山を下り、インドを南下することになっていた。彼女との珍道中も、今夜で終わりだ。

アンティに預けてあったテントと頼んでおいた洗濯物を受け取り、重量を計算しながらザックに詰めた。マットと防寒着がかさばって、五〇リットルのザックは、あっという間にいっぱいになった。それから四本のカメラバッテリーをすべて充電し直し、プチプチにくるんでポーチに入れた。標高が上がり、気温が零度を割り込むと、バッテリーの消耗速度が急に速まってしまうからだ。

朝は何時に起きるのかとソルに訊かれ、とくに決めてはいなかったけれど、六時前には目が覚めると思うと答えた。

「起こしてくれる?」とソルが言った。

「うん。一応アラームもかけておくよ」

私はスマートフォンの電源を入れた。ラダックに来てからずっと、電波は途絶えたままになっていて、アラームを使うとき以外は電源も入れていなかった。電話があった可能性は少ないが、メールは送られてきているだろうし、日々の様々なお知らせの類いは、大量に配信されてきているはずだ。けれどW・i・F・iを探しまわってまで、内容を知りたいとは思わなかった。すでに知らされている情報も消化できないうちから、次から次へと新しい何かを知らされることに耐えられなくなっていた。

　アラームを設定しようとしてつい、いつもの癖からショートメッセージを開くと、この旅に出てくる前、最後に開いたメッセージ画面がそのまま両目に飛び込んできた。それはちょうど一年と少し前、八月の終わりにミヅキと交わしたわずか数行のやり取りだった。仕事で都心に出て行くついでに軽い気持ちで食事に誘った、そのときの短いやり取りだ。

『お久しぶりです(^^)。突然だけど、明日の夜って忙しい？』

『久し振り！　私は残念ながら時間作れなそう。ちょくちょくフェイスブックなどチェックしていつも陰ながら応援しとるよ！　ミヅキ』

『あー、残念。ではまた、次の機会に！　残暑厳しいけど、元気でねー』

　アラームをオンにして、スマートフォンの画面を閉じた。

「ソル、これあげる」

　沖縄産の粗塩が入ったミニパウチを餞別《せんべつ》がわりに彼女に渡した。ソルは食事をするたびに、塩気が足りないと嘆いていたから。

「もらっちゃっていいの?!」

「うん。こっちに来てから全然使ってないし、荷物になるだけだから」

　ソルはミニパウチを部屋の蛍光灯にかざし、子どものように喜んだ。

「この塩を味わうたびに、あなたのことを思い出せばいいのね」

「うん。寂しさに涙を流しながらね」

「了解。まかしておいて」

ベッドに入り、読みかけの本を開いた。新月の夜まで、あと一週間。

第3章

新月の夜に向かって

ジンチェン／ユルツェ／スキュ

九月十八日　ジンチェン

快晴に恵まれた。ソルを送り出したあと出発準備をしていると、宿のアンクル（アンティの夫）がやってきて、マルカに行くのかと訊いてきた。私は頷いた。

「一人で行くのか？」

私はもう一度頷いた。アンクルは壁に立てかけてあったザックにチラッと視線を走らせてから、隣室に宿泊しているスウェーデン人の若いカップルが同じくマルカ方面に向かうはずだと言った。

「彼らと話してみるといい。一緒に行ってくれるかもしれない」

気は進まなかったが、アンクルの心配を無視するわけにもいかず、私は隣室のドアをノックした。そして案の定、ドア口に出てきた女性との話し合いは、何の進展もなく終わった。旅人にもいろんなタイプがいて、旅のやり方や人とのつき合い方は、それこそ千差万別だった。ソルのように出会う人すべてを巻き込んでいく旅人もいれば、淡々と自分の旅程をこなしたいという人もいる。前夜に軽い挨拶をしたときから、隣室の二人が他の旅人との積極的な交流を望んでいないことには気づいていた。それに私の方も、できればマルカには一人で行きたいと思っていた。私の目的はトレッキングではなく星を見ることであって、そのためには突発的にルート変更をしたり、天候に合わせてペースを調整したりする必要があったから。

私たちは形式的に話し合い、大まかなスケジュールを確認し合った。途中で会えるといいね、と彼らは言ってくれた。私も同じように返した。

彼らよりひと足先に準備を終えると、玄関先に座ってトレッキングシューズの紐を結んだ。アンクルがやってきてザックを両手で持ち上げ、神妙な顔つきで重さを確認してから、「絶対に戻ってこいよ」と言った。私は、もしも二週間を超えて戻らなかったらそのときは、と言いかけて、しかし不要な心配をかけることもないと思い直し、「一〇日以内には戻ります」とだけ言い立ち上がった。

レーの南西七キロに位置するスピトク村でヴァンを降り、ザックに一リットルの水と軽食を詰めた。体感では一四キロを少し超える程度の重量だった。ザックを背負い、村の南端を流れるインダス河を渡ると、ストック山脈に向かって伸びる一本道にぶつかった。この道をまっすぐ進めば、数日中には山脈の向こう側にあるマルカ渓谷に着くはずだ。私は山に向かって、ゆっくりと歩き出した。

黄金に色づく大麦畑から、村人たちの笑い声が聞こえてくる。大地はゆるやかに両手を広げ、降りそそぐ太陽の光の粒子をひと粒残さず抱きとめようとする。厳冬期を迎える前、最後に残ったぬくもりを地中深くに溜め込むように。

一二キロばかり先にあるジンチェンまでの道のりは、標高差も二〇〇メートル程度と平坦で、最後の一キロを切るまでは道も舗装されていた。心肺への負担はほとんどなく、腰ベルトの擦れと足にできたマメを除けば、まずまずの滑り出しだった。

ジンチェンは極小の村だった。村と呼べるような規模でさえなく、ただ数軒の民家があるだけの集落だった。谷あいを流れる小川に沿って段々畑があり、山の斜面にはり付くように家が建っていた。とりあえず最初に目についた民家に話をつけて、離れに荷物を置かせてもらった。それから母屋《おもや》でチャイをもらい、大きな調理用ストーブのそばで、暖をとりつつ日暮れを待った。家の主人がやってきて、乾燥させたロバの糞をスコップでひとすくい分放り込むと、弱まっていた炎がふたたび勢いを取り戻した。

腕の時計が七時半を回ったところで、カメラを持って外へ出た。ラダックに来てから、夜空を見上げるのは今夜で一二回目だった。月相の変化だけでなく、星の見え方は時間帯や角度によっても毎回がらりと変化する。出始めの天の川をつかまえるなら、七時半過ぎが一番いい。

私は山肌を少しだけ登り、一つだけ脚を短くした三脚を斜面に水平に設置した。小川をはさんで対岸に黒い山影が横一線に連なり、そのてっぺんから、赤茶色の土ぼこりを巻き上げるようにして天の川が芽を出した。これから八時過ぎまでの三〇分間、天の川は光の帯を引き連れて、さらに上空へと伸び上がっていく。

「うわ、すげえ」

「おい、こっちこっち。そこ、足元に気をつけろよ」

男性が二人、息を弾ませながら土の斜面を上がってきた。同じ民家に泊まっている北米出身の旅行者だった。彼らは少し下の斜面に腰を下ろすと、こちらの撮影を気遣ってヘッドライトの光を落としてくれた。場の雰囲気に合わせるように、二人は急に静かになった。

ミヅキと私は、地元の公立高校に進んだ。義務教育の終わりとともに、私たちはフィルターにかけられて、特定の階層に送り込まれた。それは、大学受験という次なるフィルターに向けて準備をする人々の階層だった。入学してくる生徒たちは、画一的に行儀がよく、ある程度の努力家で、基本的に負けず嫌いだった。突出した天才もいなければ、一定レベル以下のバカもいない、そういう類の学校だった。しかし同じような顔をして入学してきた生徒たちは、最後まで似た者同士のまま成長していくわけではなかった。生徒たちは新たなヒエラルキーに組み込まれ、その中でバカと秀才として再定義し直され、それに応じてそれぞれのキャラクターを確立し直す運命にあった。あたかもコミュニティ内でバランスを取り合うかのように。そして三年後には、みんなバラバラの顔をして卒業していく。

高校一年生になったミヅキと私は、小学四年生のとき以来、再び同じクラスになった。私たちはどちらも硬式テニス部に入った。まったくの偶然だった。同じ方角にあるそれぞれの家から学校までの道のりを共に自転車で通い始めた。必然的に、私たちは仲よくなり、もう一人、クラスと部活が同じになったミカコを加えた三人で、よく一緒に行動するようになった。ミヅキは英語のテストで予想通りトップをとり、私はお尻から数えて三〇番をとった。ミヅキは英語科の先生たちから一目置かれ、私は体育科の先生たちにかわいがられた。こうして私たちは自分の持ち場を与えられ、それぞれの道を極めていくこととなった。

あるときミヅキとミカコが、学校帰りに家に来て泊まっていったことがあった。仕事から帰ってきた母親に二人を紹介すると、母はすぐさま「ああ、あの有名なミヅキちゃんね」と言った。「英語の本を読んでるすごい子がいるって、あんた大騒ぎしてたでしょ」

私にはすぐに、それが小学校のときの話だとわかった。

「ミヅキは覚えてない？　写生大会の帰りの電車で英語の本読んでたの。小学校の四年生かそれぐらいのときやったと思うけど」

その途端、ミヅキは「え〜！」と悲鳴を上げた。真っ赤な顔をして「イヤな子ですね」と言った。

「私って、そんなイヤミなことしてたんや。うわ、ごめん。ほんまに恥ずかしい」

ミヅキは、こちらが慌てるほど萎縮した。恥ずかしさのあまり、そのまま縮んで消えてしまいそうだった。同時に彼女は、不意に注目を浴びたことで舞い上がっているようにも見えた。

ミヅキと英語の関係は、私が思っていた以上に入り組んでいたのかもしれない。それは確かに、彼女の最大の武器であり、誰もが認めるシンボルだった。一方でミヅキには、こと英語となると極端に控えめな態度を取るところもあった。たまたま与えられた英語力という幸運に対して、どこか負い目を感じているようなところがあった。しかしもちろんそれは、たまたま与えられた力などではなかったし、軽々しく幸運などと呼ぶべきものでもなかった。少しばかり海外で暮らした程度でトップを走り続けられるほど、高校の英語は甘くはない。それは、ミヅキだったからこそ手に入れることができた実力だった。ポテンシャルのある人間が、相応の機会を与えられ、そして着実な努力を重ねた。それだけのことだ。しかしその事実をまっすぐに信じられるような図太さが、残念ながらミヅキにはなかった。

アドバンテージ。できて当たり前。ミヅキと英語は引き算の関係だった。マイナスはあっても、プラスがないのだ。

ミヅキは目立つことを嫌った。とくに英語に関わることには、神経を使っていたはずだ。なぜならそこは、英語教師の半分が、およそ国外では通用しない発音で授業を進める田舎の学校であり、ミヅキが英文の音読を終えると同時に、つい「ほぉ」とため息を漏らしてしまうような生徒たちが集《つど》う教室だったのだから。

ミヅキは高校一年生の夏休みを家族とアメリカで過ごし、夏の終わりに帰ってきた。私はふとした思いつきで、よくアメリカのことをミヅキに訊《たず》ねた。流行の映画や売れている書籍のこと、変わった食べ物や歌の歌詞の解釈など、素朴な疑問ばかりだった。あの頃の私には、まだ見ぬ海外への憧れがあった。そして、その思いに応えてくれる相手は、知る限りミヅキ一人しかいなかった。

ある昼休みに教室のスピーカーからアメリカのポップソングが流れてきたことがあった。弁当を食べ終えたあと、私はミヅキに話しかけた。英語がわかるミヅキにとって、英語の歌を聴くというのはどういう体験になるのかと訊いた。日本語で歌われた曲を聴いて私たちが何かを感じるように、ミヅキは英語で歌われたポップソングも同じ感覚で聴いているのか、と。ミヅキは少し考えてから言った。

「言葉の意味はわかるけど、同じ感覚かっていうとちょっと違うかも」

「ふうん。いや、実際のとこ、どんな風に響いてんのかなと思って」

「っつーか、アメリカンポップなんて、アイラブユーしか言ってないやん。とくに最近の曲は。アイラブユーとかアイミスユーとか、そういう単純なフレーズ繰り返してるだけで何も響かん」

意外だった。言われてみると案外、そういうものかもしれなかった。

「それに比べたら日本語の歌詞の方がずっとすごいと思う。深いし。色々とひねりが効いてて、詩的って言うか」

「そっかあ。そういう風に考えたことはなかったわ」

そういった話をミヅキが進んで語ることはなかったが、こちらが質問をすれば、いつも慎重に考えてから答えてくれた。ミヅキの話には生々しい手触りがあった。だからこその刺激と説得力があった。英語をよく知りもしない人に同じことを言われていたら、納得うんぬんの前に、取り合う気さえ起きなかっただろう。ミヅキと一緒にいるだけで、自分の中の小さな世界が押し広げられていく気がしてときめいた。私はミヅキに憧れていた——ひと回り大きな外の世界を知っているということに、だからといってそのことを鼻にかけないクールさに。

闇の中から、二人のヒソヒソ話が聞こえてくる。

「俺たちも、もっと星を見るべきだ」

「ああ、まったくだよ」

夜空をぐるりと見まわすと、北西の空にひしゃくを見つけた。二つの山影が重なり合ってできた谷間に、頭から突っ込むような格好で七つの星が煌《きら》めいている。北斗七星だ。レンズの向きを調整し、露光時間を五秒だけ長く設定した。光量が少ない北西の空では、星が写りにくいと思ったからだ。けれどシャッターボタンを押してしまってから、むしろ短く設定した方がよかったのではないかと思い直した。露光時間が長ければ、より多くの小さな星々まで写し出すことはできる。しかし肉眼では見えないような星クズまで大量に写し出されてしまうと、他よりもちょっと光が強いだけの普通の星座は、星クズの海に埋没して特定できなくなってしまう。

星を撮るために学ぶべきことはたくさんあった。立地、角度、時間帯、そして機器の操作にも慣れていく必要があった。しかし、それらすべてを学んだ上で一番知っておかなければいけないのは、何を撮りたいのか、という自分の中での優先順位で、けれどそれがわかるまでに、いつも遠まわりばかりして長い時間がかかってしまうのだ。

試験前になると部活は長い休みに入り、放課後はいつも退屈だった。私は暇をもて余し、よく学校近くの飲食店や大型スーパーに遊びにいった。あるときは特盛りのパスタを分け合いながら、またあるときはフードコートでラーメンを食べながら、無駄話をして時間をつぶした。その日も授業が終わったあと、私はミカコに声をかけた。

「ご飯どうする?」

ミカコは「行く」と即答してから、ロッカーを開いて帰り支度を始めた。

「あれ、ミヅキは?」

そう言って私がミヅキを探しに行こうとすると、ミカコが私を呼び止めた。

「誘ったらあかん。ミヅキは今から数学の補習やから」

私は一瞬ポカンとしてから「なんで?」と聞き返した。「なんでミヅキが補習なんか出なあかんの」

私やミカコが出るならわかるが、成績から考えても、ミヅキは「補習」などとは無縁のはずだ。

「出なあかんわけじゃないけど、本人が出ておきたい言うてるから。なんか切羽詰まってる感じやったし」

「うちら詰まってないで」

「うちらとはプレッシャーがちゃうやんか。せやから、今日はそっとしといたげた方がええ思うねん」

カバンを担いで二人で歩き始めると、考えごとをしながら階段を上ってくるミヅキの姿が見えた。

「おっ、……」

私の声に反応して、ミヅキが顔を上げた。どことなく青ざめた顔だった。ミヅキはかすかに表情を緩めたが、そのまま私たちのわきを通り過ぎ、一つだけ明かりの灯る夕暮れ前の教室の中へと消えていった。


「もう寝るね」

レンズにカバーを付けて、カメラを三脚から外した。

「おやすみ、よい眠りを」と、彼らが口々に言った。

「ありがとう。二人もね」

三脚を担いで斜面をゆっくりと下った。部屋に戻って寝袋に入ると、すぐに眠気に襲われた。新月の夜まで、あと六日。

九月十九日　ユルツェ

朝食のあと、家主からアルミ箔に包まれた昼食を受け取り、空になったペットボトルに濾過水《ろかすい》を詰めさせてもらった。今日からはいよいよ山道に入り、標高四一五〇メートルのユルツェまで七八〇メートル高度を上げることになっていた。地元の人の足なら四時間から四時間半と聞いていたが、自分の足なら五時間か五時間半はみておくべきだろう。日焼け止めを塗り、サングラスをかけ、リップクリームをたっぷりとつけた。足のマメの状態はよくなっていて、腰ベルトの擦れも我慢できる範囲内だった。八時四十五分、伸ばしたストックを不器用に動かしながら山肌に沿って歩き始めた。昨日よりも少しだけ、背中の荷物を重いと感じた。実質的に増えたのは弁当分の五〇〇グラム程度であることを考えると、そう感じる原因は荷物それ自体にではなく、体の方にあるのだろう。前日からの疲労が、おそらく抜けきれていないのだ。

それでも山道を進んでいくと、体はエンジンがかかったように次第に軽さを取り戻していった。くつ底に当たる土の感触はやわらかく、昨日アスファルトを歩いたときに溜め込んだ足の裏の突っ張った感じが少しずつやわらいでいった。谷間を流れる雪どけ水が、あちこちでしぶきを上げていた。山道は小川を何度もまたぎ、そのたびに飛び石や丸太の橋が、私を対岸へと届けてくれた。使い慣れないストックも、小川を渡ろうとするときには心強い味方だった。

標高三八五〇メートルの地点に大きめの分かれ道があり、そこに張られたティーテント（臨時休憩所）で弁当を食べた。アルミ泊の中には、ジャムを塗ったチャパティと、ゆで卵と蒸したジャガイモがそれぞれ一つずつ入っていた。民家で出される弁当はどこも同じと聞いていたから、これから一週間はこのメニューが続くのだろう。ゆで卵の殻をむきながら、塩を持ってこなかったことをつくづく後悔した。体は発汗で失った塩分の補充を求めていたし、塩がなくては、ゆで卵を食べる喜びだって半減してしまう。餞別にあげてしまった沖縄の粗塩が、未練たっぷりに頭に浮かんだ。

「ソル……」

マルカに行くなら塩を持っていくべき、なんてことは、彼女はひと言も言っていなかった。餞別にあげた粗塩を食べ尽くし、空になったミニパウチをポイッと捨てると同時に、私のことなどすっかり忘れてしまったであろう彼女の笑い声が、今にも聞こえてきそうだった。一方で私はこれから毎日、ゆで卵の殻をむくたびに彼女のことを思い出すのだ。両目に悔し涙を浮かべながら……。

ユルツェまでの残り三キロの野道を歩き始めると、自覚せざるを得ない疲れが上半身に出始めた。勾配が少しきつくなり、酸素濃度もわずかに低下したのだろう。しかしその変化は数値的には些細なものでしかなく、それを負担に感じてしまうのは、明らかに私自身の身体の弱さのせいだった。休まずに歩き通すことができず、立ち止まることが増えた。五〇メートル歩いて休み、また少し登ると今度は三〇メートルで足が止まった。最後の坂を登る頃にはもうへとへとで、民家がすぐそこに見えているにもかかわらず、なかなかたどり着かないのだった。ジンチェンを出てから六時間。先が思いやられるようなひどいペースだ。丘の上に一軒だけ建つ立派な民家の前まで来ると、何よりもまず先にバックパックを身体から外した。それから畑に下りていって家主らしき人に声をかけた。

与えられた部屋で仮眠を取ったあと、居間へ下りていくと、部屋の奥から親しげに手を振る人がいた。レーの宿で隣室だったスウェーデン人のカップルだ。私たちは、旅先で誰かと再会すると妙に懐かしくなるという旅人ならではの性《さが》のおかげで、いかにも馴れ馴れしく再会を喜んだ。二人は、予定していたストック村行きのバスが見つからず、昨日の午後になってルートを変更し、私を追いかけるようにジンチェンに向かって歩いたのだと言った。

「最初からわかっていれば、君と一緒にスピトク村まで行けたんだけどね。そうすればタ

がない。

あの数軒しか民家のないジンチェンで、彼らが民泊をしていたとして、気づかないはず
「ということは、昨日の夜はどこにいたの？　でもジンチェンにいなかったよね？」

クシーもシェアできただろうし」

「私たち近くにはいたけど、テント泊だったから」

そう言うと二人は、テントの横で見上げた星の話を始めた。

「昨日の星空、見た？　すごかったよね。君があんな話をするから、僕らも真似して撮ろうとしたんだけど、デジカメじゃやっぱりダメだった。君の方はどう、いい写真撮れた？」

「見る？」

「うん！」

カメラの液晶画面を見せると、二人は目を輝かせた。

「ジンチェンでこれってことは、ニマリンの星空は一体どんなことになるんだろう。確か二十四日って言ったっけ？」

「そう、二十四日。でも新月の前後だったら月明かりはほとんど無いと思うから、たぶん二十二日くらいからでも十分だと思う。むしろ心配なのは天候の方で、雲がかかっちゃったりしたら、それこそ泣くかもね」

「晴れるといいなぁ」

お茶を一杯飲み終えると、二人は再び荷物を担ぎ、さらに先を目指すと言って民家を出ていった。行けるところまで行って、今夜もテントで眠るらしい。彼らと行動を共にしなくて、本当によかったと思った。とてもではないが、ついていけるペースではない。

十九時半きっかりに、私は民家の屋上に出た。雲ひとつなく、コンディションは最高だった。星の粒が一つひとつ、くっきりと見える。

『これよりすごい星空って、あるんですかね？』

トゥルトゥクの民家の屋上で、そう問いかけてきたのはヨシオ君だった。今夜の空を見たら、彼は何と言っただろう？　あの夜よりもすごいと言っただろうか、それとも、どちらもすごくて比べられないと言っただろうか。彼がどう思うかはわからなかったし、そもそも何をもって「すごい」とするかで答えは変わってきてしまう。星の多さか、光の強さか、それとも銀河のかかり方か。

一つの見方として、今夜の星空にはより強い訴求力があった。この光景を誰かに見せたいと思わせる力、このとんでもない体験を誰かと共有したいと思わせる力があった。それを「すごさ」を測る一つの目安とするなら、ラダックに来て以来、星空は夜を重ねるごとにすごさを増していっていた。

カメラのレンズが、太い光の筋をとらえた。軌道からして流れ星ではなさそうだ。飛行機か、人工衛星か、あるいは。

『UFOかな』

『ありえますね』

そう言って笑うヨシオ君の姿が目に浮かんだ。この未確認物体が描く光の筋を、ソルにも見て欲しかった。この迫力に満ちた夜空を、ハンさんやキムさんと分かち合いたかった。

それから……。

ミヅキと私は部活が終わると家の方角に向かってよく一緒に自転車を漕いだ。田んぼに伸びる一本道を並走しながら、日々の些細な出来事を思いつく限り話し合った。分かれ道が来ても話し足りずに、どちらかがルートを迂回して、それでも話し足りないと、最後には自転車を降りて話し込むこともあった。人前では常に抑制したもの言いに徹していたミヅキが、そんなときは少しだけ、ほんの少しだけ毒を吐くこともあった。私は言いたいことが一あれば、それを一〇の言葉で発散した。ミヅキは言いたいことが一〇あっても、それを一・五ぐらいまで言いかけてやめてしまった。

ミカコや私に比べると、ミヅキは言葉数も少なくて冗談を言うこともほとんどなかった。

けれど文章でのやり取りとなると、ミヅキは人が変わったように饒舌《じょうぜつ》になった。ミヅキからの手紙は授業中に回ってくることもあれば、休み時間や放課後に手渡されることもあった。便箋に書かれていることもあれば、ルーズリーフの頭から終わりまでが文字でびっしりと埋め尽くされていることもあった。クールな外見からはおおよそ想像もつかない、むき出しのミヅキがそこにいた。

今日ね、帰りにミカコを駅まで送らせていただいたん。二人でイロイロ語りあったで。けどやっぱり語り合いは三人でやらなな。ミカコ、むっちゃ苦労しとる。むっちゃええコやな〜。も〜カンシンしまくり。けどやっぱカタリアイってすんごい必要やな。女子ってささいなことでゴチャゴチャ根に持つやん。で、思い違いとかもやっぱあるし…。あのときはホントはこうこうこうやったんや〜って思うようなトコロがいっぱいでてくるし。この前のポスターの件、あったやん？　あんとき、次の日マジでガッコ行きたくないくらいクヨクヨと一人で沈んどったん。まっ、それだけミカコの存在がうちにとって大きいってわけ。あれはミカコ、一人で五枚ずつ書いてくるってゆうのをうちが勝手に決めたと思ってちょっと怒ってしまったんやって。まっ、うちのやりそうなコトか…。けど、それ聞いて、すんばらしくホッとした。天にものぼる気分

やったで。うち、あんたとミカコに嫌われたら、タブン生きてけへんわ（笑）

冬がくると私たちは、マレーシアでの研修旅行に申し込んだ。来たる国際化に向けた試みとして、高校側が参加者を募った初めての海外研修だった。首都クアラルンプールの見学に始まり、歴史的な街マラッカやイスラム教のモスク、現地にいち早く進出を決めた日系企業の訪問など盛りだくさんな内容だった。さらに内陸のジャングルの村でホームステイをするプランまでが、その六日間の研修には組み込まれていた。テニス部の親しい仲間内で、このチャンスを逃すべきではないという空気が広がり、ミヅキもミカコも私も気がつけば行くことになっていた。私たちは春休みの出国に向けて、三者三様の方法で旅行資金の調達に動いた。ミカコは夜のコンビニでアルバイトを始めた。

「おかん、昨日は茶碗投げつけてきたわ」

ミカコは、バイトを終えて帰宅したあとに繰り広げられる母親との深夜のケンカを疲れた顔で報告した。

「ほんまムカついて、こっちも投げ返してんけど、なんやもう悲しなってきて。情けないやら何やらで、泣けてきてしもて。……おかんも泣いてたけど」

彼女は学校から遠く離れたど田舎の出身で、一時間に一本しか走っていないようなローカル電車を乗り継いで通学していた。部活が終わると二時間近くかけて地元まで戻り、それから深夜まで働いて、家に帰るとケンカが待っている日々だ。「周りで大学行ったような人はおらん」と言っていたくらいだから、地元の中学を出るまでは、きっと神童と言われていたのだろう。周りからの期待も大きかったはずだ。親が彼女に望んだことは、マレーシアに行くことでも、バイトをすることでもなかった。けれど彼女は、そのどちらからも手を引こうとはしなかった。

私はもっと簡単な方法で旅行資金を手に入れた。私の家の隣には母方の祖父母が住んでいて、祖父から金を借りることはまったく難しいことではなかった。もちろん、返済予定のない金だ。私は、祖父に溺愛されていることを知っていた。祖父が金を持っていることも知っていたし、借りにいけば大喜びすることも知っていた。祖父は事業をやっていた上に、なかなか使い切れない額のたくさんの年金ももらっていた。私が祖父を頼っていくことと、祖父に面会を求めることは、祖父自身の望みであった以上に当時の祖母や母親が強く望んだことでもあった。もちろん、というか、それでも、祖父に金を借りたことは、このときを除けば一度もなかった。この世界には、手にしたいと思う以上に、どうしても手にしたくない金もあるからだ。

祖父は、妻や娘や他の孫娘たちをスルーして、生理が始まったばかりの末の孫娘（私）

のためにだけ真っ赤なブランドものの口紅を買ってくるような人だった。おそらくはそれが祖父なりの愛情の示し方だったのだろう。そうした祖父からの好意に対して少しでも距離を置こうとすれば、怒り狂った隣家の祖母が血相を変えて飛んできた。どこまで逃げても、身をひそめても、祖母は必ず捕まえにきた。そして母は動揺し、ショックで胃の中のものをすべて吐ききると薬を飲んで寝込んでしまった。失望の深さを示すかのように、思いつめた顔で口を閉ざして。

ごくたまに顔を合わせると、祖父は私の顔面を舐めるように眺め回した。それから私の手をとって時間をかけてなでまわし、自分の指を絡ませて気のすむまで熱心にいじり倒した。祖父の頭はポマードでいつもテカテカ波打っていた。

あと二年。二年たてばゼロになる。私はこの家を出て、この街を出て、もう二度とここへは戻らない。ワングランス（ひと目）一万円。ワンタッチ（ひと触れ）三万円。私は借用書に判をつき、万札の端をそろえて旅行会社に支払った。

その日も部活を終えると、ミヅキと私は自転車を並べて、暗くなった農道を北に向かって走った。西の山から寒風が吹きおりてきて、私たちの自転車を煽りたてた。ミヅキは、ミカコがやっている深夜のバイトについて話し始めた。

「えらいなと思って」と、ミヅキは言った。

私は「うん」と返した。

私たちは黙って自転車を漕いだ。ミヅキがまた口を開いた。

「父親にバイトしたいって言ったら、勘違いするなって言われた」

「……うん」

「ちょっとバイトしたからって、そんなのは自立でも何でもないって。そういうことは社会に出て一人前になってから言えって。でもさあ……」

「うん、それはまあ、お父さんの言わはる通りやろな」

ミヅキは「えっ？」と驚いて一瞬こっちを見た。自転車がぐらついた。

「えっ、なんで？　ミカコは自分の力で稼いどるやん」

自分の力、という言葉が鋭く刺さってきて、息苦しくなった。今日のミヅキは、本当にイヤなことを言う。

「そう。自分の力で稼いでるし、えらいと思う。でもさ、うちらを高校に行かすために、親はお金払ってるんやで。うちらに高校生活送らせて、勉強させて、大学行かすためにめっちゃ投資してんねんで。ミカコのおかんかって、娘に深夜のバイトさせるために学費やら通学費やら払ってるわけやないから」

深夜に一時間アルバイトをして六五〇円稼ぐぐらいなら、同じ一時間を勉強に充てて偏差値を一でも二でも上げること。それが私たちに求められ、期待されていたことだった。今ここであがいたって仕方がない。私は息を切らせて自転車を漕ぎ、漕ぎながら一方的に話し続けた。

「コンビニで六五〇円稼ぐ間に、結局はそれ以上のお金を無駄にしてるやん。自立した気分は味わえるけど、それが本当の自立か言うたら、たぶんちゃうやんか。それ、ミヅキのお父さんが言わはる通りやと思う。わざわざ今、時給六五〇円で働かんでも、大学出てからその何倍も稼げばええやん。費用対効果考えたら、そっちの方がずっと合理的や思わへん？」

「思う！」

ミヅキは聞いたこともないような大きな声で弾むようにそう言った。

「めっちゃ納得した。ありがとう。ほんま、その通りやと思うわ」

「……うん」

私たちはまた、無言で自転車を漕いだ。ミカコは今頃コンビニのレジに立ち、自力で金を稼いでいる。風のせいか自転車がやたらと重く、なかなか前に進まなかった。弱々しい二つのサイクルライトが、乾いた冬の農道を重なり合うように照らしながら進んでいた。ミヅキにも私にも、深夜まで働く勇気などなかった。私たちには、親と茶碗を投げ合ってでも、何かをやりきってしまえるような突破力なんてなかった。

真っ暗だった田んぼの夜空には、きっとあの夜も、たくさんの星が出ていたのだろう。私たちの目には映ることのなかった、忘れ去られた星たちが。

九月二十日　スキュ

今日はいよいよ、第一関門のガンダ・ラ（峠）四九六〇メートル越えが待っている。ユルツェから峠までは八一〇メートルの標高差があり、昨日よりももっと勾配のきつい上り坂が予想できた。ただし峠さえ越えてしまえば、あとはストック山脈の反対側を渓谷に向かってひたすら下ればいいだけだ。山道がマルカ渓谷とぶつかる最初の村スキュまでは、平面距離にして約一五キロ。地元民の足で七時間程度と言われていた。私の足で歩いたとして、なんとか日暮れまでにたどり着けるかどうかといったところだろう。

七時四十五分、靴ひもをいつもよりきつめに結び、弁当を詰めて家を出た。ダルさの残るスタートだった。肉体は明らかに疲れていたし、荷物は昨日に増して重かった。激しい乾燥と紫外線のせいで、口まわりの皮膚が荒れてひりついた。しかし意外なほど不快感はなかった。たぶん体が慣れたのだ。疲れていること、重いと感じることに対して、肉体はもう抗うことをやめていた。それらをしかるべき常態として前向きに受け入れたようだった。もちろん、だからと言って上り坂が楽だったわけでは全然ない。楽でないことに慣れることと、楽になることはまったく別の話なのだ。

小一時間ほど進んだところで、ティーテントの白いとんがり屋根が見えてきた。その手前でキャンピングテントを片づけながら、こちらに手を振る人がいた。スウェーデンの二人だ。私は二人に手を振り返し、しかし歩みを止めることはしなかった。彼らならすぐにでも私に追いついてくるだろうから。

夜の間に凍結した小川が、朝日を浴びて溶けだし、流れを取り戻しつつあった。私は細くなった小川を飛び越え、一人で先を急いだ。

酸素濃度の問題だろうか、高度が少し上がるごとに、上半身に力が伝わらなくなった。握力が弱くなり、腕にも胸にも、まるで力が入らない。ストックをうまく使いこなせないだけでなく、いよいよ持っていることさえおっくうになってきた。立ち止まる回数が昨日にも増して多くなり、休んでも休んでも、すぐまた息が切れてしまった。ついに私はストックをたたみ、ザックのサイドポケットに片づけた。日本で怠けていた過去九ヶ月分の裁きを受けている気分だった。

峠までの最後の急坂を前に、いつもより長めの休憩を取った。私は岩場にへたり込んでチョコレートをかじりながら、こんなにもしんどくていいのだろうか、と考え込んでしまった。このあと、傾斜はさらに厳しくなるのだ。何かもっと楽に登る方法はないのだろうか……。九ヶ月前にジムを辞め、以来運動らしい運動はしていなかった。体を鍛えることへの意欲がなくなり、あからさまに体力が落ちてくると、あとはずるずる後退するように、すべての物ごとに対する気力や自信まで失っていった。

トレッカーから餌をもらうことを覚えた野生のモルモットが、だぶついた贅肉を揺らしながら重い足取りで歩いていた。ため息が出た。楽しみと苦しみは、いつだって隣り合わせだ。

私は少しでも荷物を軽くするために、持ってきたパックジュースを飲み干し、ドライフルーツを食べまくった。そして、ソルを恨みながらゆで卵の殻をむいているときに、ふと思い出した。

「少しでも小さい段差を選んで歩くこと」

それは、エベレスト登頂を何度となく成し遂げてきた、ある国際山岳ガイドの言葉だった。数年前、アウトドア誌の仕事で富士山に行ったときに、山登りの基礎として教えてもらった、あるコツがあったのだ。私とカメラマンと編集者は、ガイドの近藤謙司さんに導いてもらって一日目の撮影に臨んだ。七合目までゆっくり登りながら、途中で登山グッズを撮影し、翌日に予定されていた本番に向けて簡単なアドバイスを受けた。結果から言えば、翌朝の登山は嵐のために中止となったが、予行演習で教わったことは記憶の中に留まった。その一つが、小さい段差を選ぶこと。つまり、小さい歩幅ですむようなルートを常に探しながら歩くことだった。

腰ベルトをしっかりと締め直し、試しに小さな歩幅で歩き始めた。高さ一〇センチの岩と三〇センチの岩があれば、必ず一〇センチの岩を選んで歩いた。大股で歩けそうな緩い傾斜でも、あえて小さな歩幅のままで回転数だけ上げていくことにした。こうやって登っている限りスピードは出ない。しかし、実際に歩き始めてみると驚くほど身体が楽になり、立ち止まるということをしなくなった。

峠が近いためか、他にも数組のトレッカーが現れ、私たちは抜きつ抜かれつしながら峠を目指して歩いた。傾斜がよりきつくなると、私はもっと歩幅を狭めた。その姿はきっと、他のトレッカーたちの目には、同じ場所で足踏みをしているだけのような、奇妙なものと映っただろう。しかし格好の悪さと引きかえに、私は休むことなく歩き続けることができた。アドバイスをくれた近藤さんのうしろ姿を思い出しながら、彼の登山靴が踏みしめていった経路を記憶の中でなぞりながら歩いた。彼は直線距離での最短を行かなかった。たとえ遠まわりをしても、必ず低い段差、ゆるい傾斜を見つけ出し、そこを一つひとつ着実に登っていった。「ほら、こっちの小さい段差、今度はこっち」と、進むべき道を丁寧に教えながら。「小さいことだけど」と、近藤さんは真顔で言った。

「これが山頂まで積み重なると大きな違いになるから」

峠にはためく色とりどりの旗が視界に入った。石塔に何重にも巻きつけられたチベット仏教の五色旗、タルチョだ。先に到達したトレッカーたちが、旗の前でカメラを構え、ひと通り写真を撮り終えると峠の向こうへと散っていった。私が到達したときには、峠にはもう誰もいなかった。山脈の反対側に、マルカ渓谷へと続く山の斜面と、その先にどこまでも広がるヒマラヤ山系が一望できた。ところどころに雪をかぶった五～六〇〇〇メートル級の山々だ。山肌を吹き上がってくる突風に煽られて、タルチョが音をたててはためいている。赤、青、緑、黄、白の旗が、真っ青な空を舞っていた。舞い踊る旗の隙間から、太陽の光が力強くきらめいていた。美しかった。たった一人で見るには、あまりにももったいない光景だった。そう思うと急に胸のあたりが締めつけられて、息ができなくなった。私はカメラを握りしめたまま、その場に座り込んだ。

『ごめん』

潤んだ両目に風が吹き付けてきて、右の目がよく見えなくなってしまった。少しだけ水を飲み、ストックをもう一度伸ばした。それからマルカ渓谷への坂道を、転がり落ちるように下っていった。

スキュの東一五分にある民家にたどり着いたときには、夕方の五時を回っていた。今日はざっと九時間半ばかり歩いたことになる。夕日でほどよく温まった屋上の床に、足を投げ出して尻をついた。トレッキングシューズの紐をゆるめ、片足ずつ順番に靴を外した。くつ下をはがし取り、素になったふたつの足を夕日の下に放してやった。しばらくはもう、立ち上がれそうもない。

ミヅキの父親が学校に姿を現したのは、マレーシア研修が近くに迫ったある放課後のことだった。その日は旅行会社から添乗員がやって来て、集まった生徒と保護者たちへの説明会が行われた。平日の夕方だったのもあり、すべての保護者が来たわけではないし、参加した保護者もほとんどは母親だった。だから父親が来るというだけで、ミヅキは目立つことになった。さらに、かねてから私たちが噂していた大学教授が、しかも国立大学の医学部の教授が来るとあって、ミカコと私はざわついた。

「今日はきょーじゅが来るらしいで」

「えっ、きょーじゅが来るのぉ?」

ミヅキは、「こらっ！　きょーじゅ、きょーじゅ、言うな」と顔を赤くして怒っていたが、まんざらでもないようだった。それはそうだろう、私やミカコの父親では、いじりようもないわけだから。父親が現れると、ミヅキはすっと澄まし顔になり、父親と並んで席に着いた。

若い男性の添乗員が旅行の流れを説明し、引率の教師が補足を加えた。添乗員の話に過不足はなく、会は順調に進行した。説明がひと通り終わって質問の時間になると、ミヅキの父親が手を挙げた。あの日、手を挙げて質問した人は他にも何人かいたはずだったが、私はミヅキの父親以外は誰も何も覚えていない。もっと言えば、添乗員が話したことも、引率の教師が話したことも、説明会で耳にしたことは何ひとつ具体的に思い出せない。ただ一人、ミヅキの父親が話したことだけが、その後もずっと記憶に残った

ミヅキの父親は立ち上がると、「現地のホストファミリーに渡すお土産についてですが」と落ち着いた声で言った。

「どういったものを持たせればいいでしょうか？　日本の食べ物であるとか文化に関係したものがいいのか、それとも生活で役立つようなものの方が喜ばれるのか。と言うのも、これまでにも日本人を受け入れてきたようなホストファミリーですと、日本のものをもらっても、もう珍しくないかもしれないですよね。だからそのあたり、どういう状況なの

かと思いまして。現地の方の生活レベルといいますか、日本の文化にどの程度の関心や馴染みがあるのかなど、もう少し詳しく教えてください」

言われてみると、お土産をどうするかというのは、よく考えてみるべき事案だった。私たちが世話になるのは、都市部に暮らすファミリーではなく、マレーシア中部のジャングルにある小さな村のファミリーだった。だいたいマレーシアという国がどんな国かも知らなかったし、その国の田舎の暮らしぶりなど想像するのも難しかった。毎日の激しいスコールや獣や虫の襲撃に備えて、家の作りは伝統的な高床式だと聞いていたから、私にイメージできたのは、高い木の上に竹を組んで作った簡素な小屋ぐらいだった。そんな家に持っていって喜んでもらえる土産とは、重宝される物資とは、一体どんなものなのか。鉛筆か、歯ブラシか、それか懐中電灯なんてどうだろう。いやその前に、村には電池は売っているのか？　すると添乗員は意外なことを言った。

「現地の生活水準は低くはないです。この村の人たちは日本の高校生をこれまでにもたくさん受け入れてきましたし、日本のこともよく知っています。お土産にも慣れていますから、日本のものを持っていっても珍しいということはないと思います」

「村に電気はきているのですか？」

添乗員は少し笑って、「はい、普通にきてます」と言った。「日本の電化製品なんかもいっぱい持っていますし、家電も生活用品も、だいたいのものはひと通りそろっているものと思ってください」

会場は急に騒がしくなった。ただしその理由は、私たちがマレーシアの生活レベルに驚いたからではなかった。このときになって初めて、現実味のある情報に触れたからだった。要するに、私たちは研修に行く本当の意味を、ようやく議論し始めたのだ。

これまでにも私たちは、定期的に会合を開き準備をしてきたつもりだった。ホテルでの過ごし方、モスクでの服装、簡単な現地語の挨拶を学び、交流会での出し物も話し合ってきた。何を持っていくか、何をするか、どんなことを話すかも考えた。けれど私たちは一度も、現地の人たちの立場に立ってものを考えたことがなかった。受けとる側の、聞かされる側の、来られる側の気持ちには注意を払っていなかった。要らない懐中電灯や、口に合わないまんじゅうや、使いようのない工芸品を受け入れる側の戸惑いをまるで考えていなかった。マレーシアの人たちの目に、私たちの手土産はどんな風に見えるのか？　私たち日本の高校生はどんな風に映るのか？　そんな視点でこの研修をとらえたことは一度もなかった。着席したミヅキの父親は、盛り上がりだした議論の行方を何も言わずに見守っていた。それは本人の意図したこととは無関係だったかもしれないが、結果としてミヅキの父親は私たちに一つのヒントを投げたのだ。お土産をあげる側ではなくて、もらう側の話を使って。

活気づく議論を聴きながら、私はミヅキの背中を見ていた。ざわつく会場の中にあっても、その背中はピクリとも動かなかった。ミヅキが何を考えているかは、その背中からはわからなかった。ただ、いつになく彼女を遠くに感じた。ミヅキとの間に、ある種の埋めがたい格差を感じた。七歳だったあの時から、ミヅキにはいったいこの世界は、どんな風に見えていたのかと。

マレーシアに行ったら、ミヅキの新しい一面を目にすることになるのかもしれなかった。ミヅキは英語力を発揮して、海外経験を役立てて、水を得た魚のように私たちを引っ張っていくかもしれない。私はそんな予想を立てたが、しかし、結論から言えば、それはまったくの見当違いだった。

マレーシアに行ったあとも、ミヅキは必要に迫られない限り英語を話そうとはしなかった。現地の人と積極的に交流したりもしなかった。もちろん参加した私たちの誰もがそうだったように、ミヅキも現地では楽しそうにしていた。けれどそれはどちらかと言えば、仲のいい友だちと一緒にいられる楽しさであって、そこが海外かどうかはほとんど関係なさそうだった。できればホテルの部屋にでもこもって、仲のいい友だちとダラダラ過ごしている方が、ミヅキにとってはよかったのかもしれない。ミヅキは何をするときも、ミカコにぺったりとくっついていた。その傾向は、旅行の準備の段階からすでに起きていたことだった。

マレーシア滞在中の部屋割りを決めることになったとき、「二人一組の相部屋で」と言われた途端に、ミヅキとミカコがくっついた。ミヅキはミカコの腕をとり絶対に離さないという風だったし、ミカコはミカコで、一人になった私を笑い「や～い、仲間はずれにされてやんのー」とからかった。私は、「はぶけ」になった者どうし、別の生徒とペアになった。名前も知らない子だったけれど、とくに気にもしなかった。仲のいい三人組から自分一人が外されたことを、悲観してもいなければ腹を立ててもいなかった。私にとってこうしたことは割とよくあることだった。

仲のいい三人組からペアを作るときも、仲よし四人組から三人グループを作るときも、一人で「外れる」のはいつも自分の役まわりで、そういうことには慣れていた。もっと言うと、中学校に通っていた頃は、それは教師によって決められた組織的な役目でもあった。修学旅行の部屋割りを決める。イベントのグループを作る。新しく転校生がやってくる。そういう事態が迫ってくると、教師たちは私を職員室へ呼んだ。そして、何人かの生徒の名前と一緒に「うまくまとめるように」と言った。そこで受け取るリストには、いじめられている子の名前もあれば、まさか仲間はずれにされているとは思ってもみなかった子の名前もあった。教室に戻り、ホテルの部屋割りが始まると、生徒たちは視線を送り合い、磁石が一直線にくっつくようにパッと数人で固まった。そしてグループを作ったら、シャッターをさっと下まで下ろして、あとは知らんぷりを決め込んだ。変な情けをかけたりして、自分がはじき出されでもしたら元も子もないからだ。教師のリストにあった二人は、一人は極度の不安からか黒板を見つめる視線が泳ぎ、もう一人はじっと俯《うつむ》いたまま顔をあげようとしなかった。

担任に言われていた通り、私は二人それぞれに声をかけた。システマティックな対応を心がけたし、これといった感情もとくに湧いてはこなかった。二人と口を利いたのは、そのときが確か初めてで、二度目に口を利いたのは、修学旅行先のホテルにチェックインしたときだった。

マレーシアでの部屋割りが決まり、その日の会合が終了すると、ミカコがすぐに近づいてきた。彼女は神妙な顔つきで「大丈夫かぁ?」と訊いてきた。今さら、ではあったけれど、あんな決め方をしたことをミカコは心配していたのだ。

ミヅキとミカコがくっついたとき、ミカコが私をからかったのは、悪気があってのことではなかった。むしろそれはミカコなりの私に対する配慮だった。部屋割りで割れた三人の仲を深刻に分裂させないために、彼女は「はぶけ」をネタにして笑いにもっていこうとしたのだ。本人がそう言ったわけではないが、私にはミカコの意図がわかった。それがミカコという人の、人柄であり、キャラだったから。

「うん、別に気にしてへんよ」

「ごめんなぁ。なんや勝手に決めてしもて。感じ悪かったやろ。せやからもう寝るときは別々やけど、それ以外のときは関係ないし、うちらの部屋にも来てくれたらええからな」

それからミカコはため息をつき、「ミヅキを一人にするとか、まじで無理そうやから」と言った。言われてみると、本当にその通りだった。この部屋割りで「はぶけ」になるのは、最初からミカコか私かのどちらかになると決まっていた。ミヅキを一人にするなんて絶対に不可能なことだった。もっと言えば、私とミヅキの組み合わせも、最初から選択肢にはなかったような気がした。私は、ミヅキと二人だけになる場面をうまく想像できなかったし、ミヅキの方でもおそらくはそんな感じがしたのだろう。私とミカコが話していると、そこへミヅキがやってきて、会話の空気を察したのか慌てたようにしゃべりだした。

「うわ、超ごめん！　えっ、まじで大丈夫？　ごめ〜ん。気にさわっちゃった？」

ミカコはスッと目を逸らし、無言のままさっさと歩き出した。

「気にしてない」とだけ言い残し、私もミカコのあとに続いた。なぜならミヅキの「大丈夫？」は、私への気遣いから出たものではなく、ミヅキ自身を守るための、要するに、ミカコに見捨てられたくないだけのパフォーマンスでしかなかったから。

　そうしたミヅキの傾向は、マレーシアでも変わらなかった。どこへ行くにも、何をするにも、ミヅキは誰かに（多くの場合ミカコに）くっつき続けた。現地の人との交流にしても、一人で向き合うということはなく、あくまでグループの一員としてしか対面しようとしなかった。現地で出会った人たちの目にどう映るかという問題以前に、そもそも彼らの視界の中に映らないという道を選んでいるかのようだった。インセキュアな状況に身を置かないということにかけて、ミヅキには何かしら徹底したものがあったから。私はそうしたミヅキの態度に、シラケもしたし、弱さも感じた。英語力も海外経験も、まるで生かそうとしない姿勢に、歯がゆいと感じたこともある。ただ、そうした感情とは別のところで、繰り返し思い返した場面があった。写生大会の帰りの電車で本を読んでいたミヅキの姿だ。ミヅキはどうしてあんなところに、ひとりで座っていたのか、と。

　その夜は村の人たちが歓迎会を開いてくれた。会場だった村の広場に向かっていたのか、戻る途中だったかは思い出せないが、そのとき私たちは数人で村の小道を歩いていた。もちろんミヅキも一緒だった。私たちはどこかで道を間違えたらしく、道幅は徐々に狭くなり、ひと気もなくなり、民家の灯りも届かなくなった。どうやら、村の端の森の方へと迷い込んでしまったようだった。それでも構わず進んでいくと、ついに道は行き止まりになり、私たちはそこで足を止めた。

「うわ〜！」

声が上がり、私たちは一斉に夜空を見上げた。見たこともないたくさんの星が、わっと両目に飛び込んできて、誰もが「うわ〜」と息を吐いたきり、言葉を忘れて立ち尽くした。誰も何も言わなかった。私たちはもう、何も語る必要がなかった。英語ができるかできないかも、社交性があるかないかも、誰が相部屋になったかも、このときばかりは関係なかった。マレーシアの星空の下では、私たちは誰もが等しく、ただ一人の高校生だった。

屋上に流れてくる風が、日暮れと共に冷たくなった。さっき脱いだくつ下を履き、ゆっくりとその場に立ち上がった。部屋に戻ってカメラを取り出し、撮影の準備に取りかかった。体はもうくたくただった。全身がずしりと重かった。けれどその疲労感は不快ではなく、むしろとても心地よかった。どっしりとした重石のように私の心を落ち着かせた。積み重ねてきた一歩一歩が、自分を今、この場所に、しっかりと繋ぎ止めている感じがしたのだ。

英語の授業中にミヅキを観察することは、私が見つけ出した数少ない楽しみの一つだった。もちろんミヅキの方は、そんなことには気づかずに黙々と勉強に励んでいた。内容はわからないが、授業とは無関係の長文を辞書を引きながら読んでいることが多かった。机の右端に辞書を開き、左側には念のために教科書を用意して、小難しい英文を読んでいた。制服がなかった私たちの学校では、ミヅキはよく灰色のオーバーサイズのセーターを着ていた。少しまくり上げられた袖口から、ミヅキの色白の手首が見えていた。ミヅキは、片肘を机の上に大きく広げ、体を少し傾けた体勢のまま、熱心にシャーペンを動かしていた。

英語の授業には、各クラス二人の担当がいた。うち一人は、ミヅキが「先生の英語力は高い。発音もいいけど、とくに語彙力があって」と認めるレベルにあり、もう一人は「海外では通用しない」という残念なレベルにあった。そして、それぞれの教師へのミヅキの対応の仕方には、彼女らしいスマートさが発揮されていた。

ミヅキは、レベルの低い先生の授業には、いつも誠実な素ぶりで臨んだ。たとえ関心がなくとも真面目に話を聞き、きちんと質問に答えようとした。先生だって何も悪気があって、聴くにたえない発音をしていたのではない。ただ学ぶ機会がなかっただけだ。ミヅキは事情に配慮した。先生を必要もなく刺激しないよう従順な姿勢を貫いた。なぜならそういう先生に限って傷つきやすく、支配構造が脅かされることを極端に嫌う傾向があったから。ミヅキは先生には何も言わなかった。ただおとなしく授業を受け続けた。先生は見たところ満足そうだった。

レベルの高い先生の授業は、適当にかわしつつ聴いていた。先生もミヅキには何も言わなかった。もしかすると、先生とミヅキとの間では何らかの取り決めがあったのかもしれないが、ミヅキは授業の間中、例の長文読解をやっていた。ただし、先生の授業が甘かったのかと言えば、全然そんなことはなかった。先生の授業は厳しいことで知られ、教室はいつもピリピリしていた。英文和訳を徹底的にやらせるのだ。一人ずつランダムに当てられていき、間違えようものなら叱られた。私たちは予習ノートを開き、常に臨戦態勢で授業に臨んだ。当てられた時は間髪を入れず、ノートの和文を読み上げた。よどみなく、スラスラと。

そんな緊迫した状況下にあっても、私はミヅキの観察を続けた。ミヅキは、授業の進み具合を大雑把につかんでおいて、当てられてから英文に目を通し、その場で頭から訳した。だからミヅキが当てられたときだけ、わずかなタイムラグが生まれ、教室はすわりの悪い静けさに包まれるのだ。

あるときミヅキは、私たちが読んでいた箇所を見失った。当てられると、かすかに焦りの色を浮かべて、教科書と先生の間に数回視線を走らせた。絶体絶命の大ピンチだ。「こらぁ！　ちゃんと聞いとれ！」と、ついに怒声が飛ぶかと思われたそのとき、先生は予想に反した静かな声でページと行を口にした。ミヅキは言われた箇所をさっと訳し、何事もなかったかのように授業は続けられた。先生は、授業に集中していないミヅキの態度に明らかに目をつぶり続けた。ミヅキを、高校生向けの低レベルな授業に縛りつけようとしなかった。実力ある者にしか、他者の実力を正当に評価し、認めることはできない。先生は、なかなかリーズナブルな男だったのだ。

先生は、夏休みをイギリスの大学で過ごし帰国した。そのときの体験を、ときどき生徒にも話してくれた。

「お前ら、語彙力がすべてや。あっちの大学では単語力がすべてやった。意味がわからん単語があると、すぐにゲス（guess）しろ、ゲスしろって言うてくるんや。そんないちいち辞書なんか引いてたら間に合わないから」

帰国後の先生は、明らかに「ゲス」がマイブームになっていた。

ある授業で先生は、ALTが用意したプリントを私たちに配った。短めの英文パラグラフが印刷されたプリントだった。

「さあ、お前たち！」と先生は教室を見回して言った。

「辞書を閉じよ。辞書なしで訳してみよ。ゲスしろ、ゲス、ええか！　一〇分経ったらバンバン当てるぞ、覚悟せよ。わかったか！」

私はちぢみ上がった。右斜め前にいたミヅキが、長文読解を中断し、回ってきたプリントにざーっと目を通した。まるでレーザー読み取り機みたいな速さだ。

「よし、お前たち、一つだけヒントをやろう」

先生は英単語の意味を一つだけ教えてくれた。「おなら」という単語だった。

「さあ、あとはゲスして訳せ！　どんどん訳せ！」

教室中が静まり返った。呼吸まで一緒に止まりそうだった。一〇分後に、先生の口から自分の名前が聞かれないことを祈った。辞書の使用さえ許されない今、私にできることと言えば祈ることと、ミヅキの観察を続けることぐらいしかない。するとミヅキが突然、右手を辞書に伸ばした。さりげない一連の動きでページをめくると、いつものようにクールに該当箇所を読み始めた。心臓がドキドキした。先生は教壇をうろうろしながら、最前列の生徒の進み具合を見ていたが、徐々に私たちがいる窓際の方へと移動してきた。

『ミヅキ、先生が来る！　早く辞書を閉じるんや』

私は心の中で叫んだ。しかし同時に、この二人のやり取りを最後まで見届けたい気もした。開いてはいけないはずの辞書を堂々と開くミヅキに対して、先生は一体どのような対応をするのだろう。先生は、私たちの列の間をゆっくりとこちらに向かって進んできた。

ミヅキがそっと辞書を閉じた。けれどまだ何か、腑に落ちない顔をしている。私はプリントの上に顔を伏せて、視線の端だけでミヅキの動向を追いかけた。先生がミヅキの机まで来たとき、ミヅキがふわりと顔を上げた。先生もふっと立ち止まりミヅキを見た。ミヅキが小声でささやくと、先生は腰を曲げてミヅキの口もとに耳を近づけた。それからミヅキは辞書を開き、先生は何も言わずにミヅキが指し示す箇所を読み始めた。そして次の瞬間、先生が叫んだ。

「すまん！　お前たち、俺が間違えた」

先生は顔を真っ赤にして苦笑し、自分の間違いを打ち消すように大げさに頭《かぶり》を振った。

「バープ（burp）は『おなら』とちゃうわ。『げっぷ』や、げっぷ！　これは俺が悪い。すまない、許してくれ」

張りつめていた教室の空気が、一気にゆるんで膨張した。クラス中が安堵の息をついた。硬かった表情に笑みがこぼれた。整然と固まっていた背筋が一斉にふにゃふにゃになっていくのがわかった。実力ある者は、自らの非を認め謝罪する勇気を持っている。先生は首を傾《かし》げて「俺もなんかおかしいなと思ったんや」と呟いてから、去り際にミヅキに振り返って言った。

「よう気づいた。よう教えてくれた」

今日の授業は、もう終わったも同然だった。ゆるみきった心と体は、もう元になんか戻せない。窓外に映る空はより一層蒼《あお》く、流れ込んでくる南風は暖かかった。中庭にやって来る鳥たちまでが心なしか浮ついているように見えた。実力ある者は、謝辞を惜しまない。やっぱり先生は、リーズナブルな男なのだ。

ミヅキはほとんど表情も変えずに、自分のやるべき課題に戻った。ミヅキの対応は完璧だった。先生がヒントを与えたとき、ミヅキは即座に間違いに気づいたはずだ。でもすぐには指摘しなかった。先生にもメンツがあるからだ。ヒントをやった途端に「ほんまにそれ、おならですか？」などと、サラッと言われたりしたら、先生だってたまったものではないだろう。実力ある者は、人に恥をかかさない。ミヅキには品があった。しかし言い換えればそれは、彼女から決して離れることのなかった強力な自制能力の表れだったのかもしれない。

『パーフェクト。ミヅキ、ありがとう』

変化の乏しい日常の中に、ミヅキは小さな非日常を運んできてくれた。英語の授業に出席するミヅキそのものが、まさにイレギュラーだったのだから。しかし、イレギュラーを待っていたのは私だけでなく、ミヅキ自身もまたそうだった。ミヅキは私が起こしてしまう小さなトラブルが大好きだった。

夕飯を終えて屋上に戻り、南の空にレンズを向けた。天窓からもれる居間の光が、あたりをぼんやりと照らし出していた。そのせいか目に映る星たちは、心なしか控えめだった。けれど、そこにひと気があることが不思議と今夜はありがたかった。深い闇もいいけれど、ほのかな灯りをそばに感じて過ごしたくなる夜もある。

高校二年生になると、ミヅキとは別々のクラスになった。直接的な付き合いは減ったが、それでも部活や帰り道には適度に顔を合わせる仲が続いた。放課後になると、私はミヅキに日々の出来事を報告した。

その日は数学の授業があった。授業はほとんど毎日あったが、その日は私の当番の日で、先生が登壇するまでに、割り当てられた問題を黒板に解いておくことになっていた。大したことではない。常日頃から予習を欠かさない生徒であれば、ノートに解いてきた数式をただ黒板に書き写しておけばいいのだし、たとえそうでなかったとしても、自分の当番のときぐらいは準備をしてきているものだった。けれど私は、日頃から予習もしていなければ、その日の準備もしていなかった。

休み時間に黒板の前に立ち、私は問題を解き始めた。すぐに終わると高をくくり、頭から数式を書き連ねていった。しかし、休み時間終了のチャイムが鳴っても解き終わらず、先生が教室に現れても、私はまだ解き終わっていなかった。静まり返った教室に、自分のチョークの音だけが響いていた。先生は入室してからまだひと言も言葉を発していない。

先生は男性で、三十八歳で、ザ・堅物という感じの人だった。白いワイシャツにやや時代遅れ感のあるズボンを履き、いつもあごをクッと引いて、演説でもしているかのような、えらくハキハキした話し方をした。

「わたくしは、数学の、え、すなわち数、という分野、における、おたく、いや、教師、で、あります」

と言っていた訳ではなかったが、先生が言葉を発すると、すべてがそんな風に聞こえた。

教室のうしろで腕組みをして、こちらを見ているであろう先生の視線が背中に刺さって痛かった。いや、先生だけではない。クラスのマジョリティを占める理系進学希望者の男子生徒たちの視線がなにより痛かった。

『俺たちの貴重な授業時間を、ムダにしやがって』

声こそ聞こえてはこなかったが、漂う空気は冷ややかだった。いっそのこと声に出してくれれば、中断することもできるのにと思った。先生だって、もういい加減、時間切れにしてくれればいいものを、彼は言葉を発しようとさえしない。終わりの見えない数式が、黒板の半分を埋め尽くした。いったい私はいつまで、数式を書き続けていくのだろう。沈黙がさらに濃くなり、止め時がますます遠のいていく。コンコン、コンコン、チョークが黒板を打つ心細い音だけが響く。いよいよ、もう書き続けるスペースがないというところまできて、私は短くなったチョークを置き、くるっと振り返った。教室のど真ん中に、腕組みをして仁王立ちする先生の姿があった。私は「終わりませんでした」と言った。先生はがっちりと組んだ腕を解きもせず、顔をひきつらせてこう言った。

「中村には、ペッ、ペナルティーを与える！」

罰として追加の課題をもらい、私は自分の席に戻った。

放課後、テニスコートのネット裏で話を聞き終えたミヅキは、とりあえず仰天し、ひとしきり感心してから、「勇気がある！」と目を輝かせて犯した失態を褒めてくれた。別に勇気を試したかったのではなく、ただいつまでたっても問題が解けなかっただけだったが、ミヅキが予想外に喜んだので、私は俄然調子づいた。

「だいたいさ、ペッ、ペッ、ペッ、ペナルチーを与える！　って、そんな『ぺぇ』ばっか、なんべんも言わんでええ」

ミヅキが体をよじって笑う。同じクラスのサトコが振り向き、「惜しかったんやけどな」と言った。

「あれ、途中まではあっとったんやで。途中でさ、あっ、って一ヶ所ミスって、そのあとどんどんどんどん、おかしな方へいったから」

「気づいとったなら教えてよ」

「いや、みんな気づいとったよ。そっちいったらアカンよ〜、終わらんよ〜って、みんな心配しとったよ」

「心配しとらんと教えてよ」

ミヅキがずっとニヤニヤしながら、私たちの会話を聴いていた。

いつもはクールなミヅキが笑うと、レバレッジの効いた痛快感が、私の体をゾクゾクさせた。ミヅキを笑わせたかった。なんでもいいから、苦しいくらいに笑わせたかった。こんな風に過ぎていく夕暮れどきが、私は一番好きだったから。

ペナルティー事件のほとぼりが冷めてきた頃、クラスも同じで仲がよく、また人一倍面倒見のよかったサトコが、数学の先生のところへ挨拶に行こうと誘ってくれた。あとあとのためにも、こういうことはちゃんとしておいた方がいいから、と彼女は諭《さと》すように言った。

「先生の顔なんか見たくない」と渋る私の手を引いて、サトコは職員室へと入っていった。

「せんせい」とサトコが声をかけると、弁当を開きかけていた先生が、手を止めて私たちを見上げた。

「あっ、先生今からお昼ですか？　失礼しました」

去ろうとする私たちを、しかし先生は早口で呼び止めた。

「かまいません。どうしましたか？」

先生はいつもの四角四面な態度を決して崩しはしなかった。しかし、ニコリともしない表情の奥ににじむ、隠しきれない喜びのうず巻きを、私たち高校生は見逃さなかった。私たちは十七歳の女子高生で、先生は三十八歳の高校教師で、私たちは手にした特権を、今こそ、最大限に、活用すべきだったのだ。

「あっ、はい、えっとわからないところがあったので、質問しにきました」

サトコが答えると、先生はささっと弁当を隅へ押しやり、素早く紙とペンを取り出した。私たちは、先生のペン先が紙の上をかろやかに進みゆく様を見つめた。それは、ルンルンルンルン小躍りしながら、次々と数式を繰り出してゆくのだった。相づちを入れるサトコの真似をして、私も適当に頷いていたが、私の視線は紙を離れて、次第に机の端にある弁当へと吸い寄せられていった。四角いアルミの弁当箱に、どこか昭和の香りが漂うオーソドックなおかずが詰められていた。さすがは硬派なだけあって、新婚ほやほやの先生が持ってくるようなプラスチックの二段重ね弁当ではなく、ミニグラタンやナポリタンスパゲッティーなどといったチャラチャラしたおかずを入れてきたりもしていない。そうした彼なりの一貫性には好感さえ持てた。割烹着を着た妻にピシッとたしなめられて、でれでれする先生の姿を思い描いた。こんな堅物の先生でも、妻の前では猫なで声を出して甘えたりするのだろうか。

「わかりましたか？」

先生の声で、突然数字の世界に引き戻された。「はい」と言って頷いたサトコにつられて、私も「あっ、はい」と返事をした。

「せんせい、ありがとうございました。お食事中のところ、失礼しました」

挨拶をするサトコの横で一緒に頭を下げたあと、私も何か一つくらい、気の利いたことを言いたいと思った。私はウキウキした声で、「せんせい」と語りかけた。

「おいしそうなお弁当、愛妻弁当ですかぁ？」

すると先生はあごを引き締め、真顔になって「これは……」と言った。

「はっ、母が、作ってくれています」

放課後、一連の報告を聞き終えたミヅキが、顔を真っ赤にして笑い転げた。

「まさかさ、おかんが作ってるとは思わんやん。ええよ、もういいですよ。私一人だけ、もう一回二年生やるから」

「いや、大丈夫やってば」と、サトコが慰める。「最後だけ、あれはちょっと余計やったけど、先生わかってくれたと思うよ。嬉しそうやったし。だから諦めんと、一緒に三年生に上がろう。なっ」

ミヅキが横でうんうんと頷き、私の背中を軽く叩いた。

ミヅキはこの手の話が好きだった。たいていは失笑を買うか、先生に冷遇されるかというう、これといってオチもなければ救いもないことばかりだったが、それでも私がやらかすといつも、ミヅキは喜んで話を聞いてくれた。そんな反応を示す人は、ミヅキ以外にはいなかった。下品な方法でしかイレギュラーを運んでこられない私を、ミヅキだけが楽しみにしてくれていた。

私たちはただ少しだけ、目の前の景色を変えたかっただけだ。毎日、毎日、同じリズムを刻み続ける退屈なメトロノームを、自分たちの手で、目立たない程度に、ほんの少しだけ止めてみたかったのだ。ミヅキも。私も。

第4章 見上げる夜空に

名もない谷／チュルン／ハンカ

九月二十一日　名もない谷

気持ちのいい目覚めだった。標高が少し下がっただけで、体の回復力にこれほどまで差が出るものかと驚いた。民家を出て歩き始めると、体はすぐにテンポをつかみ、渓谷を快調に東へ進んだ。切り立った岩壁が南北両側にそそり立ち、一本の細い川が谷間に沿って流れている。雪どけ水が集まってできたマルカ川だ。この川に沿って歩いていけば、道に迷う心配はない。今日は夕方までに、一七キロ先のマルカ村まで歩くつもりだった。標高三四三〇メートルのスキュと三七五〇メートルのマルカは標高差も小さく、前日の峠越えに比べれば、はるかに楽な行程が予想できた。

しばらく進んだところで、ガイドと欧米系の女性の二人組に出会った。目が合うと突然「あなた、スウェーデンのカップルに会った？　二人があなたのことを探してたわよ」と話しかけてきた。まだ挨拶も交わしていなくて唐突だったが、「あなた、ジャパニーズよね？」と続けざまに訊かれて、私は頷いた。そういえばあの二人は、どこへ行ったのだろう。昨日峠を越えたあと、下りの斜面で二人に追いつき、私たちは一緒に昼食をとった。そしてスキュでの再会を約束して、私が先に出発したが、そのあと二人には会わなかった。

「二人もスキュに来ていたのですか？」

「ええ。昨日の夜、私たちは同じ民家にいたのだけど、ソロの日本人がまだ着いてないって二人が心配し始めたものだから」

二人の控えめな笑顔が浮かんだ。最初こそ口数が少なくて、ちょっぴり冷たい印象さえ受けた彼らの、さりげない気遣いが嬉しかった。

「でも大丈夫そうで、安心したわ。道中気をつけて」と彼女は言った。

「ありがとう。そちらもね」

「ありがとう」

私たちはまた、それぞれのペースで歩きだした。

マルカ川の恵みに寄り添うように、高山植物が点在し、ところどころに畑が作られ、数キロおきには民家もあった。ときどき家畜を連れた村人が現れて、「今、何時か？」と訊いてきたりした。そんなことを訊いてどうするのだろう。そして、マルカ村まで約半分の地点にあるサラという村に入ったところで、後ろを歩いていたひときわ騒々しい一群に追いつかれた。馬が七頭とロバが三頭。先頭の二頭を除くそれぞれの背中には、大きな穀物袋や衣装ケースに加え、プロパンガスのタンクや二連型のガスコンロ、丸めた絨毯《じゅうたん》から生卵数十個まで、大量の荷物がくくり付けられていた。先頭を走ってきた馬が私の横で脚を止めた。カウボーイハットをかぶった男性が、馬の背にまたがったまま「やあ」と声をかけてきた。流暢な英語を話し、一見では海外からの旅行客に見えたが、彼はレーに住む地元のラダック人だった。

「一人なのか？」

そう言いながら馬を降りると、彼は「一緒に行かないか」といきなり私を誘った。

「俺たちは今から温泉に行く。とっても美しい場所だ」

彼ら一行は、一週間の予定でヒーリングの旅に来ていた。山奥でキャンプをしながら毎日温泉に浸かり、街の暮らしで弱ってしまった腰やお腹を癒やすらしい。聞くほどにそれは、なかなか魅力的な誘いではあった。

「温泉って、お湯が出るんですか？」

「もちろんだ。滋養効果抜群の温かい湯が浴び放題だ」

最後にシャワーを浴びたのは五日前で、汗にまみれた頭髪はいよいよ不快だった。顔さえまともに洗っていない。疲れて傷んだ両足を熱い湯に浸す場面を想像すると、この旅の目的なんてつい忘れてしまいそうになった。が、しかし、私は誘いを断った。

「残念ですが、私は先を急がねばなりません」

いつもなら喜んで同行しただろう。見ず知らずの場所に足を踏み入れ、地元の人と知り合いになり、おまけに温泉にも入ることができるなんて、そうそう巡ってくるチャンスではない。けれど今回の旅は、いつもとは違う。私は星を見に来た。ただ、星を見るためだけにここへ来た。人との出会いも面白い経験も、今度の旅に限ってはまったく求めていなかった。私は新月の夜に向かって、ひとり孤独に野道を歩き、コツコツ高度を上げていく。ニマリンで万全の態勢をととのえ、闇の中に一人で立って、最高の星々を迎え撃つ。そのためにここまでやってきたのだから。

「ところでその荷物は何キロあるんだ。どれ、ちょっと貸してみて」

「えっ、これですか?」

私は彼に言われた通り、ザックを背中から外しながら「一三か、一四キロくらいですかね」と言った。すると彼はザックを担いで、さっさと歩きだしてしまった。

「レッツゴー」

「いや、レッツゴーじゃなくて。大丈夫です、自分で担げますから」

構いなく歩いていく彼のまわりを、馬やロバがぞろぞろと移動していく。

「ちょっと待ってください。私は一人で、星を! ちょっと!」

馬の尻を追ってきた若い尼僧《にそう》が、横まで来ると「参りましょう」と、私に言った。

「さあ、我々と共に参りましょう」

キャラバンにのみ込まれるように、私は再び歩き始めた。温泉がどこにあるのかは知らないが、とりあえず進む方角は同じなのだし、しばらくはこの一行と一緒に歩いていくことにした。温泉地への分岐点がきたら、そこでザックを受け取って、一人旅に戻ればいいだろう。しかしそんな考えは、時間とともに薄れていった。行動を共にするうちに、彼らと一緒にいることが当たり前になってしまって、別れられなくなったのだ。

私たちは共に歩き、共に休み、みんなで仲よく木陰に座って、持ってきた昼食を分け合った。とはいえ本当のところは、彼らの食事を一方的に分けてもらっただけだった。私が、持ってきたアルミ箔の包みを開き「どうぞ」とみんなに差し出すと、包みの中身を確認するなり一同のムードが一気にしぼんだ。カウボーイハットの男性が、パサパサのチャパティをつまみ上げ、沈んだ声で私に訊いた。

「馬にやるが、いいな?」

彼らはチャパティを馬に食べさせ、代わりに彼らが持ってきた肉や野菜やパンやお菓子、それに甘いパックジュースをたっぷりと分けてくれたのだった。肉には歯ごたえとパンチがあったし、ジュースの糖分には癒やされた。しかしそれ以上にすごかったのは、インドのスパイスをばっちり効かせた添加物だらけのスナックだった。油と塩分を吸収すると、体は急に元気になった。昼食が終わると、また動物たちを追い立てながら、彼らと一緒に旅を続けた。みんなだんだんと打ち解けてきて、目が合えば笑みを送り合うようになった。次第に冗談も言うようになった。そんなことをしているうちに、自分だけ一人で先を行くとは、とても言い出せなくなっていた。要するに、もうそんな気にはなれなかったのだ。

マルカ村まであと数キロのところまで来ると、彼らは川べりに座って一斉に靴を脱ぎ始めた。馬も人も、いつのまにか数が減り、残っているのは白馬三頭とロバ二頭、それに、派手な身なりをした馬使いとレーから来た三人の男性、女性一人と尼僧だけになっていた。今ここでこの川を渡り、彼らと一緒に支流に向かえば、今日中にマルカ村に行く計画は消える。このあとの展開次第では、新月の夜にニマリンで星を観るという計画も考え直さなくてはならないだろう。それでもここで別れを告げてひとりになるのは寂しすぎた。私は彼らの横に座って、トレッキングシューズの紐をゆるめた。温かい湯を浴びたかった。誰かとおしゃべりがしたかった。笑って夜を過ごしたかった。冷たくなったチャパティを一人で食べるのはもうたくさんだった。それによくよく考えてみると、温泉の地理的条件によってはニマリンよりすごい星空が見られないとも限らない。ズボンの裾《すそ》をたくし上げ、彼らに続いて川を渡った。そして、茶褐色の巨大な岩の割れ目を支流に沿って上《かみ》へと進んだ。

岩間は次第に狭くなり、両側に壁が迫ってきた。ここから先はいよいよ、岩肌を削って作られた細い山道を進むしかない。しかし、最初の急坂にさしかかると、馬使いが慌てて馬たちを止めた。どうやら道幅が狭すぎて、馬には通れないと判断したようだ。鞍から張り出した大きな荷物が、岩肌に引っかかって進めない上に、脚の長い馬たちはバランスも悪く、鋭いカーブが曲がれないらしい。言うまでもなく、足を踏み外して転落すれば一巻の終わりだ。直下の谷底は、人であれ、馬であれ、生きて還れる高さではない。

道を調べに行っていた馬使いが戻ってくると、動物たちはここでお役ごめんとなった。今夜はゲリラキャンプをするらしく、少し開けた場所を探して馬やロバの背荷物を解いた。それから急ピッチでテントの設営にとりかかった。彼らは骨組みのしっかりした布製のテントを組み立て、中にガスコンロと衣装ケース二台を運び入れた。外のプロパンとチューブで繋ぎ、見事なキッチンを完成させた。衣装ケースの中には、一週間分の食料がぎっしりと詰め込まれている。

テントの設営が一段落した頃、太陽が岩壁の向こうに落ちた。馬使いが金を受け取り、動物たちを連れて引き返していった。温泉までの残りの距離は、あと一キロ程度ということだった。それならば無理に荷上げはせずに、ここを拠点に通えばいい。そういうことで話がまとまり、今後の大まかな段取りが決まると、明日の朝が待ちきれなくなった。なんたって明日は、六日ぶりの風呂に行くのだ。

キッチンテントの中に座って、熱々のチャイをもらって飲んだ。最初に声をかけてきたカウボーイハットの男性は、四十二歳の商人で、その一つ下の弟は弁護士の資格を持つ検察官だった。チャイを淹《い》れてくれた女性は彼ら二人の実姉で、もう一人の男性はその夫にあたる。それからもう一人、若い尼僧が一緒だった。彼女はチベット医学の医師であり、今回のヒーリングの旅行にはアドバイザーとして帯同していた。日が暮れてしまう前に、尼僧は一人でテントを出ていき、少し離れた岩陰に座した。それからしめやかに経を唱え始めた。

私は自分のテントに戻り、防寒着と三脚を引っ張り出した。辺りが闇で閉ざされる前に、撮影の準備だけはやっておかなくてはいけない。テントの横で三脚の脚を伸ばしていると、検察官の弟が、キッチンテントからこちらに向かって坂を下ってくるのが見えた。道中ずっとバタバタしていて、彼とはまだまともに言葉を交わしていなかったが、同行者の中では最も落ち着きがあって、一つひとつの仕草にも何かしら惹きつけるものがあった。言葉数こそ少なかったものの、全体の状況をよく見渡していて、突然ついてきた私のことも、さりげなく気にかけてくれていた。彼はよく日に焼けた精悍《せいかん》な顔つきをしていたが、目が合えば必ず白い歯を見せて笑った。良い意味で目つきは鋭く、けれど笑みには人に安心感を与える不思議な力があった。

彼はこちらに近づいてくると、愛嬌のある笑みを浮かべた。私も彼に笑みを返した。彼は立ち止まった。私は三脚から手を放した。私たちは、どちらからというのでもなく立ち話を始めた。ラダックのことや、お互いの旅やその目的について。私は、星のことを話した。

「どうしても星が見たくなって、こんなところまで来てしまいました。せっかく見るなら、とびきり素敵な星が見たいと思って」

彼は頷いて、また白い歯を見せて微笑んだ。

「それに、こういう人里離れた山に来て、ただ体を動かしたかったというのもあります。あまり深く考えたくないというか。こうして毎日、黙々と渓谷を歩いて、星のことだけを考えていられたらいいなと」

「うまくいってる?」

私は頷いた。「とても」

「それはよかった」

私はまた頷いた。

薄闇が辺りを包み始めた。風が少し冷たくなった。谷間の静寂の中に、尼僧の穏やかな経だけが聞こえる。しばしの沈黙があった。それを先に破ったのは私だった。

「去年の暮れに、友人を一人亡くしました」

　突然そんなことを口走った自分自身に驚いた。知り合って間もないこの人に、なぜそのような話をしているのかがわからなかった。言葉がふわっと、口から漂い出てきてしまったような、自分の言葉でさえないような不思議な感じがした。彼は表情を変えることなく、私の話の続きを待った。

「親友と呼ぶ仲ではなかったかもしれないけど、とても長い間知り合いだった人です。小学校のときからずっと。そんなことがあったものだから、ちょっと日本には居られなくなって、星を見に来ました。見るなら、ラダックがいいと。だから、ここに来ました」


　年の暮れから年始にかけて、私はカリブ海を旅行した。一月の終わりに成田に戻り、空港で荷物が出てくるのを待ちながらスマートフォンの電源を入れた。ひと月半分のメッセージが一斉に配信されてきて、その中にはミヅキからのメッセージもあった。ミヅキと連絡を取り合うのは、八月の終わりに食事に誘ったとき以来五ヶ月ぶりだった。「残念ながら会えない」と書いてきたミヅキに、「また次の機会に」と返したあのメールのとき以来だ。そのときのやり取りに返信する形で、ミヅキからメッセージが入っていた。一月二十八日付だった。書き手は、ミヅキの両親だった。

『ミヅキは昨年十二月に永眠いたしました。生前は親しくお付き合いをしていただきありがとうございました』

出てきた荷物をピックアップして、私は検閲を通過した。

谷間に流れ込んでくる微かな風が、さっきよりもまた冷たくなった。尼僧の唱える経だけが、さっきと変わらず続いていた。理由のはっきりしない涙が出てきて、勝手に両頬を伝い落ちていく。

「ごめんなさい」と、私は言った。

なぜこのようなタイミングで、いきなり涙が出てくるのかは、自分にも理解できなかった。目の縁に留まりきれなかった目薬が、何の感情もまとわずに流れ落ちてきて止められない、そんな感じしかしなかった。

「悲しいとか、そういうのでは全然ないんです。亡くなったことが信じられないとか、そういうのでもない。自分でもよくわからないです。だから、これは別に泣いているわけじゃないんですけど、なぜか涙だけ出てきてしまって。何なのでしょうね。本当に、突然でごめんなさい」

到着ロビーに出たあと、いつもの手順でバスのチケットを買った。外はすでに暗く、冬真っただ中の日本は寒かった。バスはいつものように荒川に沿って走った。川の向こう側には、ひと月半ぶりに目にする東京の夜景が広がっていた。スカイツリーが青いライトを発色していた。いつものごとく、キラキラと。

アパートに戻りドアを開けるとまず、ポストからあふれて玄関に散らばっていた大量のチラシを拾った。真っ暗な部屋で手を伸ばし、手探りでブレイカーを押し上げた。ひと月半の間、一度も温められることのなかった床板が、キンキンに冷え固まっていた。涙なんて、全然、出てくる気配もなかった。

「彼女がいつ、どのように亡くなったかは知りません。知りたいと思っていないし、知ることはないでしょう。ただ、彼女の死を知ったとき、私は哀しみを感じなかった。驚くことさえできなかった。去年の今ごろ、友人は生きていた。でも生きていながら、彼女はどこか別の場所にいた。九ヶ月前、彼女は亡くなった。でも今でも彼女はここにいる。彼女はいつも、こっちにいながら、あっちにもいた。それは今も昔も、ずっと変わらないままなのです」

もしも彼女が向こうにいるなら、自分もまた向こうにいる気がした。もしも自分がこっちにいるなら、彼女もこっちにいるはずだ。その感覚が何を意味するのかは、自分自身にもわからない。

祖母が他界したとき、一つの人生が幕を下ろした。それがどのような解釈のものであったにせよ、祖母は生きて、そして寿命を迎えた。それは確かな実感を伴った、あの時点における別れだった。しかし、ミヅキは違う。

相変わらず体温は低いままだった。両目からは、水みたいな涙がさらさらと流れ落ちてくるばかりだった。不気味なくらいに冷たくて、粘着性のない液体が……。

「彼女は、何も言わずに消えてしまった。それだけです」

黙って話を聴いていた彼が、静かに口を開いた。

「私は二年前に甥《おい》を亡くした。彼は二十五歳だった」

私は頰の滴《しずく》をひと差し指で払い落とした。

「ハンサムで性格のいい甥っ子だった。周りからも愛される人柄だった。頭もよかったから、親族の期待の星でもあった。僕の後を継いで、検察官になるはずだった。彼には輝かしい未来が待っていた」

彼は目を逸らすことなく、しかし淡々と話を続けた。

「亡くなる直前に、彼は司法試験にも合格した。それで、もうすぐ私の後輩として社会に出るというときに、事故に遭ってしまったんだ。あと一〇日。一〇日後には検察官として、素晴らしいキャリアをスタートさせるはずだった。甥は、トラックに轢《ひ》かれて亡くなった。知らせを受けたときは、にわかには信じられなかった。でも駆けつけたときには、息絶えたあとだった」

彼はその死を、とても、とても、悲しいことだったと言った。家族だけでなく、親族や友だちの誰もが嘆き悲しんだ、と。そして少し間を置いてから「ダライラマ法王はこう話された」と言った。

「甥は今生での役目を終えた。だから次の世界へと旅立った。彼の魂は、また別のどこかで、彼を必要とする誰かのもとへと新しく生まれ変わる、と」

彼は、この地域の警察署員の一人としてダライラマ法王の近くで仕事をしてきた。北インドのダラムサラに亡命しているダライラマ十四世は、ここラダックにもやってきてカルチャクラと呼ばれる説法を行う。その期間中、彼は側近の一人として警護にあたってきた。

「私たちは輪廻転生という考えを通して死と向き合い、それを理解しようと試みる。なぜなら私たちは、仏教徒だから」

彼は薄暗くなった空をほんの一瞬だけ見上げるような仕草をして「でもね」と言った。

「そんなに簡単なことじゃない。頭では理解できても、それで悲しみが減るわけではないんだ。納得できるわけではない。とくに彼の母親にとってはね。彼女は二年たった今でも苦しんでいる。癒えることのない悲しみをずっと抱え続けている」

彼はまた、あの朗らかな笑みを浮かべた。そして「もうすぐ夕飯だ」と明るく言い残して、さらに下手へと下っていった。

九月二十二日　チュルン

最初は歌声かと思ったが、それは尼僧の唱える経だった。テントの中はもう明るかった。私は寝袋にくるまったまま、外から流れてくる経を長い間聴いていた。こじんまりとした自分だけの空間は居心地がよくて、いつまでもゴロゴロしていたかった。久しぶりに心の底から伸びをした気分だった。

朝の白湯をもらい、ツァンパ（大麦粉）をこねた朝食をとったあと、私たちは急いで絨毯をたたみ、テントの撤収を開始した。なぜなら私たちは、昨日の計画をくつがえし、温泉までの残り一キロを荷物ごと移動することに決めたからだ。

昨日の夕方、派手な馬使いが白馬を連れて去ったあと、別の地味な装いをしたロバ使いが現れて、テントのそばを通りがかった。彼が連れていたロバは、たったの二頭だけだったが、その二頭は立派な体格をした若くてたくましいロバだった。きっと大切に扱われ、よく世話をされているのだろう。毛並みには艶があり、瞳には潤いがあった。もちろんロバ使いは、ビジネスを打診してきた。

「私のロバを使えば、この急坂も、狭い崖道も、どうにか乗り越えられるでしょう。距離的には大したことはありませんから、二頭のロバをピストンで二往復させれば、おそらくすべての荷物を運びきることができるはずです」

前日の白馬に比べれば、値段もリーズナブルだった。なによりそのロバ使いには、純朴で信用に足る雰囲気があった。私たちは彼の誘いにのった。そして今朝、ロバ使いは約束の時間にロバを連れて現れた。私たちは、準備のできた荷物から順に、ロバの背中にくくり付けた。

探していた温泉地（地元の人は「チュルン」と呼ぶらしい）は、崖の中腹にあった。ただし正確に言うと、それは温泉ではなく冷泉であり、厳密には泉でさえなく、ただのか細い湧き水だった。雪どけ水というやつだ。チュルンには小さいが平らなスペースがあり、一軒の小屋が立っていた。二人の若い僧侶がそこに住みつき、修行の場としているらしい。私たちはその傍らに自分たちのテントを張って、前夜と同じ手順でキッチンや寝床をととのえた。

太陽が高度を上げて、強い日差しが照りつけてきた。灰褐色の岩をじりじりと焼きつけ、テント内の温度を急上昇させた。いよいよだ。私はタオルを首にかけ、石鹸を持って水場へ向かった。氷水に頭を突き出すと、強い刺激が頭皮に刺さり、両手がすぐに真っ赤になった。洗髪を痛いと感じたのは、久しぶりで懐かしかった。バリバリに固まった髪の毛が次第にほぐれていくのがわかった。その感触には、ここまでに溜め込んだ雑多な疲れが、一斉に溶け落ちていくような爽快さがあった。

洗いたての髪にタオルを巻いて、よく温まったテントに戻った。そこで改めて地図を広げ、月相を描いたカレンダーを開いた。明日からの予定を立て直すことにしたのだ。新月まであと三日となり、マス目に描いた月からはもう、ほとんど厚みはなくなっていた。あさっての新月を含む今夜からの五日間は、月明かりはないものと考えて問題ないだろう。マルカ渓谷の村々を、地図上で順番にたどっていった。ここに来ていなければ、今ごろはハンカという村にいたはずで、明日にはニマリンかその近くのキャンプまで行き、臨戦態勢に入っていたはずだった。ただし地図を見る限り、ちょっと寄り道をしたからと言って、まだ諦める必要はなさそうだった。マルカ川からここまでの距離は、せいぜい二キロかそれくらいで、川との交差点からマルカ村までは地図上で三キロ程度とたいしたことはない。明日の朝、崖を駆け下りて分岐点まで戻り、東へ向かって早足で歩けば、午前中にはマルカ村を通過して、そこから一〇キロばかり離れたハンカ村にも夕方までには着くだろう。そして二十四日の朝にハンカを発ち、夕方までにニマリンに行くことができれば、どうにか新月の夜にも間に合う。地図を丁寧に折りたたみ、祈る気持ちでファイルにしまった。やはり私はどうしても、ニマリンで星が見てみたいのだ。

一日中だらだら食べていたおかげで、まだお腹は空いていなかった。テントの中では夕飯の支度が続いていたが、十九時半を回ったところで私はテントの外へ出た。ヘッドライトで足場を照らし、山の斜面を少し下った。三脚を立ててカメラを取り付け、レンズの角度を変えようとして、そこではっと手を止めた。息も止まった。どこにレンズを向ければいいのか、私にはもうわからなかった。額に手をやり、ヘッドライトのスイッチを切ると、漆黒の闇が浮かび上がった。

星という星が、あふれ落ちんばかりに、そこかしこにバラまかれている。

『もっとすごい星空、ここにあったよ』

桁違いの星空だった。闇の濃さがまるで違う。

『順位がつけられないとか、ごめん、あれはウソでした』

今夜の星空は、ぶっちぎりだ。文句なしに一番だ。

『おおっー、流れ星!』

でもこういうときに限って、カメラを構えていないのだった。

高校を卒業したあと、私たちはどちらも郷里を離れた。ミヅキは東京に出て、私はアメリカに渡った。ミヅキは予定通り、東京外国語大学で英語を究める道に進んだ。私は予想もしていなかった舞台芸術の勉強を始めた。私たちはときどき、お互いに宛ててハガキを送った。メールのやりとりも何度かあった。ミヅキから受け取ったメッセージの中では、この時期に送られてきたものが一番あたり障りがなく、内容も言葉も平凡だった。

引っ越しました。Address: 東京都北区＊＊＊＊ TEL:03-****-****／いいな～ カリフォルニアかぁ。アメリカいくなら絶対田舎がよろしい。のどかで広くて自然がいっぱい。リスがちょろちょろしてるのさ！ ／ロスは治安悪いから気い付けてねっ、ぼ～っとしてるとあぶないぞ！／がんばれよ～。心底おうえんしてるから。うちもがんばるぜ！ 練習あるのみ／TELしてね～。GOODなほうこくまつ

歯切れのいい文章を見るたびに、大都会へ出ていって忙しくしているミヅキを思った。どことなく素っ気ない文面の奥に、広い世界へ解き放たれて自由になったミヅキを感じた。

もう私たちはどちらも、あの地方都市で退屈に耐えていた高校生ではないのだ、と。

カリフォルニアの空は青かった。よく晴れた空の下には、ミヅキが書いてきた通り灰色のリスがちょろちょろしていた。リスたちは、人間なんておかまいないしに道路を横切り、電線を渡り、よく刈り込まれた芝生の上を跳ねるように駆けていった。気ままなリスと高い空。冷えたペプシとポテトチップス。乾いた空気とテニスコート。何でもないような日常の中に、ミヅキがかつて教えてくれた「アメリカ」を見つけることができた。

ミヅキが話していた通り、テニスコートはどこにでもあった。ちょっとした時間が見つかれば、ラケットを持って外へ出て気のすむまでボールを打つことができた。気持ちのいい汗をかいたあとシャワーでさっと汗を流すと、洗ったばかりの髪の毛がすぐに乾いて落ち着いた。それにミヅキが言っていた通り、チップス類は種類も豊富で、日本のポテチと同列ではとらえきれない食べ物だった。形も厚みも揚げ具合も、実にいろんなタイプがあって、フレイバーも実にユニークだった。袋を破いて皿にあければ、それだけでちょっとしたつまみになったし、サンドウィッチやハンバーガーのちょうどいいサイドディッシュにもなった。

「うちの兄が超ハマってて、毎晩のように買ってきて食べとってさ。マジうまい、とか言って、なんかアホみたいに食っとったで。っつーか、あの人ただの変態やし(笑)。でもマジで。あっちのチップス系はなかなかイカすと思った」

私はチップスを食べ比べ、テニスコートで汗をかき、ヴァージンレコードに出かけていっては安いCDを買いあさった。その中には、高校時代にミヅキが貸してくれたクイーンのグレイテスト・ヒッツもあった。ミヅキがお兄さんから借りてきて（または譲り受けて）、又貸ししてくれたCDだった。お兄さんがハマったものにミヅキがハマり、ミヅキがハマると私もハマった。ミヅキから遅れること一二年、私もついにアメリカに来た。そしてミヅキが開いた世界を一つひとつなぞるように体験していった。ただ、どうやっても見つけられなかったものも実は一つだけあった。理想の男、ブランドン・ウォルシュ。

高校時代のミヅキは、『ビバリーヒルズ青春白書』に出てくるキャラクター、ブランドン・ウォルシュに憧れていた。ブランドンは正義感の強い優等生で、明るくて誰からも慕われている上に、大変な妹思いで面倒見がよく、非の打ちどころのない男だった。減点ポイントと言えば、酒とギャンブルに若干の問題があったくらいだ。彼はとびっきりのハンサムで、ビバリーヒルズの住宅街をオープンカーで走り回る金持ちだった。そんな完璧な男ブランドンこそが、アメリカに生息するはずのミヅキの理想の男だったが、残念ながらそのような男はどこを探しても見つからなかった。残念というより当然という方が、この場合にはふさわしい。

カリフォルニアでの生活は、楽しいことばかりではなかった。英語がわからず苦労もしたし、大学の勉強も大変だった。面倒なトラブルに巻き込まれたり、周りからバカにされたり、悔しいこともそれなりにあった。ただ、どんなに惨めな思いをしても、理不尽なことに直面しても、息苦しいと感じたことはただの一度もなかった。それが、アメリカで過ごした五年半の、もっと言えば、日本を離れていた五年半に起きた、一番確かな変化だった。

できなくても当たり前。わからなくても当然だった。文化の壁も英語の壁も、それに勉強の難しさも、それらは形ある問題として、目の前の目標に姿を変えた。問題が見えている限り、気が滅入ることはなかったし、クリアしていく楽しさもあった。何よりアメリカの暮らしには、異国人でいられる無責任さ、部外者としての気楽さがあった。

留学中に英語で行き詰まると、たいていはミヅキのことを考えた。知らない単語で埋め尽くされた教科書を読んでいるときや、言いたい意見が色々あるのに、うまく説明できないディスカッションのときに、ミヅキのことが頭をよぎった。灰色の大きなセーターを着て、辞書を覗き込むミヅキの姿だ。もしもミヅキの語彙力があれば、ミヅキのように発音ができれば、もっとずっと生産性のある日々を送ることができるのに。けれど私は、英語にまつわる個人的な悩みをミヅキに対しては打ち明けなかった。手紙であれ、メールであれ、ミヅキとの間に英語の話題を持ち出すことが難しくなっていた。

大学卒業を二ヶ月後に控えた一月、下宿先のポストに一通の手紙を受け取った。東京で暮らすミヅキからだった。私たちはこの年、二十三歳になっていた。

Happy New Year! カードありがとね〜。今私は家族とともに寝正月をすごしてるよ。来年どうしようかな〜ってボンヤリ考えてる。私もいい加減夢をみつけたい。言語の勉強はおもしろいけど、それ以外になんか没頭できるものほしいね。日本に帰ったときは必ず連絡だぞ。てゆーか、私がアメリカ行って、*American Life* にすっかりなじんでるアキをこの目で見た〜い。なんか落ち着かない世の中になってきたけど、オーディションがんばるのよ！ 心から応援している。 ミヅキより

三月になると、私は大学を卒業し、アメリカはイラクで戦争を始めた。世の中は落ち着きを失い、私は日本からの仕送りを失った。家財道具を中古車に詰めて、知り合いの家を転々とした。サンフランシスコのショッピングセンターで売り子の仕事を始めた。昼間はブランドショップで働いて、夜は演技学校で授業をとった。休みの日は劇場でボランティアをして、たまにオーディションを受けに行った。受かる見込みのないオーディションを

受けて、受けた数だけ失格になった。それでも異国にいるというだけで、どこか気楽なところはあった。間違える自分を許せたし、踏み外す恐怖を忘れていられた。誰もがちょっと変わっていたし、誰とも比べる必要がなかった。みんなそれぞれの問題を抱えながらも、それでもなんとか生きていた。この街のどこかにいる限り、たとえ何者にもなれなかったとしても、息を吸うことはできていたから。

けれどミヅキが言うように、アメリカでの生活にすっかり馴染んでいたかと言えば、そういうことでは全然なかった。私の英語の発音は、役をもらうにはひどすぎた。踊れなかったし、歌えなかった。まるで通らない声をしていた。ステージが必要としない人のサンプルとしてなら、ひと役買うこともできたかもしれない。メインストリームの役の多くは白人向けのものだった。アジア人に向けて書かれた芝居もなかったわけではないけれど、それはアメリカに生まれ育ったアジア人の世界の話だった。アジア系アメリカ人たちが抱える葛藤に、自分自身の姿を重ね合わせることはできなかった。私は日系アメリカ人ではなかった。私はただの日本人だった。

大学を卒業したあとも、もうとっくに破れていたはずの夢を手放すことができないでいた。何が自分の夢かなんて、本当はわかってさえいなかった。先の見えない強い不安に無理やり蓋をするように、没頭しているふりをしていた。そしてただ落ちるためだけにオーディションを受け続けた。なぜなら、不確定要素に取り囲まれていたあの頃に、はっきりしていたことは一つしかなかったから。オーディションに落ちることさえできなくなったら、自分にはもう何も残らない。

日本に帰国したとき、私は二十四歳になっていた。もちろんミヅキもだ。同級生のほとんどが、一斉に大学を卒業し、またそろいもそろって就職したあとの微妙な時期であり年ごろだった。私はスーツケースを一つ引きずって上京し、新宿にある百貨店で売り子として働き始めた。アメリカで一年働いたブランド企業の日本法人での仕事だった。べつに売り子になりたかったわけではない。ただ、上京してアパートを借りるには、前もって勤め先が必要で、前職のコネクションを使ってそれを確保する以外に方法が思い浮かばなかっただけだった。そして首都圏に住所を確保するとすぐ、今度は就職活動に手をつけた。同い年の人たちからは、三年も遅れた就活だった。新卒でもなく、院卒でもなく、これと言って職歴もスキルも何もないまま中途採用の求人を探した。私が百貨店で働いたのは、次の仕事が見つかるまでの半年間のことだった。

あの日の夕方も、売れ筋のハンドバッグを一つか二つは売ったはずだ。夕方のラッシュアワーが少し落ち着き、私は商品説明の間に乱れてしまったショルダーポーチを元あったラックに掛け直していた。手を動かしながらさりげなく、入り口付近を振り向いた。さっき接客をしていた間に、何度か視線を感じたからだ。先に声をかけにいった別の店員が戻ってくる姿と、その後ろの壁に身を隠すようにしていた客が、重なり合うように視界に入った。客は店内に入ってくる様子はなく、しかし確かにその人は、私の方を見ていた。

「お知り合い？　ご指名みたいだけど」

戻ってきた同僚に声をかけられ、私は客に近づいていった。その女性が微笑み、口元に見覚えのある八重歯が見えた。

「……ミヅキ？　えっ、もしかしてミヅキ？」

女性が壁の裏から姿を現し、顔を赤らめて数回頷いた。ミヅキは全身真っ黒な服を着て雨傘を持って立っていた。高校時代にも増して肌の色は真っ白になり、テニスをやっていた頃とは見違えるほどに細くなっていた。年ごろの女なのだから当然と言えば当然だろう。恋やら、愛やら、何やらのために、女は痩せるものなのだ。ミヅキもキレイになったのだと思った。いささか痩せすぎではあったけれど、いずれにせよ、もう田舎っぺだったあの頃とは違うのだ、と。

「うわ、久しぶり！」

私がハイテンションで近づいていくと、ミヅキはさらに顔を赤らめた。昔、家に遊びにきたときに、萎縮して（あるいは舞い上がって）そのまま恥ずかしさのあまり消えてしまいそうだったあの時のように。

「元気にしてた?」

私の問いかけに、ミヅキは素早く数回頷いた。そして「近くを通りがかったもんで、おるかなと思って」と地方のイントネーションで返してきた。標準語でも関西弁でもない、私たちの田舎の方言だった。東京のど真ん中で耳にすると、やはり違和感があった。私は標準語で「へえ、ってことは、家このへん?」と聞き返した。私にはまだ東京での土地勘がなく、ミヅキの住所が新宿から遠くないことに気づいていなかった。ミヅキは少し落ち着きを取り戻し、今住んでいる場所と、通っている大学院のことを簡単に話してくれた。

「すごいねぇ」と私は言った。

「いや全然や。まだ学生から抜けられん」

ミヅキはそう言って苦笑した。なんだかつらそうな笑みだったが、そんな風には思いたくなかった。ミヅキは「そっちこそどうなん?」と私に話を向けてきた。

「どうもこうも、見ての通り」

私がここで働いていることを、ミヅキはどうやって知ったのだろう。私たちには共通の知り合いがたくさんいたから、きっと誰かからの噂で知ったのだろう。小学校、中学校、高校、部活、それ以外にも地域の繋がりがあり、直接連絡を取り合わなくても、ミヅキは私のことを、私はミヅキのことを、いつのまにか把握していることが多かった。

「ちゃんと働いて、立派やん。うちを見てみい、最悪や」

と、ミヅキは明るく言った。

「どこが。でもまあ、もうすぐ転職するから」

「えっ、そうなん？　もったいない」

勤め先を隠していたわけではなかった。しかしその勤め先は、周囲にあえて積極的に伝えたいようなものでもなかった。社員とは言っても手取りで月一二万円。埼玉に見つけたアパートは殺伐としていて、通勤には片道一時間半がかかった。業務はそれなりに楽しく、同僚にも恵まれていたが、この仕事について語るときにはいつも「次の仕事に移るまでの間の」という枕詞を必要とした。そうでなければ、退社後にオフィス街から流れてくるキャリアウーマンや、週末にご主人様を連れて現れるマダムたちに、一つ何万円もするカバンを笑顔で売りつけるような気分にはなれなかった。私はパリッと制服を着て、できるだけ上品な言葉で客に接した。そうやって万札を次から次へとおもしろいように財布から引っぱりださせた。私は売って、売って、売りまくった。スーパーのおつとめ品で糊口《ここう》を凌ぐワーキングプアの窮状を、みじんも感じさせることのない自信に満ちた体さばきで。

「仕事中にごめん」

「いや、来てくれてありがとう。また連絡するよ」

ミヅキは頷いて、ふたたび顔を赤らめた。そして消え入るように人混みの中へと紛れていった。ミヅキのうしろ姿は細かった。残していった笑顔にはもう、私のヘマを喜んでくれたあの頃のような勢いはなかった。社会に出た途端につまずいてしまった自分よりも、さらに高い学歴を目指して勉強を続けているミヅキの方が、より深刻な焦りを抱えているのかもしれなかった。あの当時、大学院進学を選んだ友人たちに共通していたある種の悲壮感を、ミヅキもまたまとっていた。私は、さっきから商品棚の前をうろついている客に、さりげなく近づき声をかけた。

「どうぞお手にとってご覧くださいませ」

仕事が終わると電車に乗って、北与野にあるアパートに帰った。埼京線はいつもと変わらず狂ったように混雑していた。あり合わせのおかずで夕飯を済ませてから、ユニットバスに湯をためてじっくりと体を沈めた。それから店に現れたミヅキのことを考えた。

「まだ学生から抜けられん」

ミヅキは一体いつまで、勉強を続けるつもりなのだろう。

ミヅキは終始笑っていた。なんだか苦しそうな笑みだった。ミヅキはだいぶ痩せていた。どことなくしんどそうな痩せ方だった。そして昔と同じように、あまり多くは語らなかった。いや、それでもミヅキは少しだけ、ほんの少しだけは語っていった。

「うちを見てみい、最悪や」

ミヅキはあの日と同じ顔をしていた。テニスコートの入り口で、ちょっと思いつめた顔をして、「あの人は」と呟いたあの放課後と同じ顔だ。

「あの人は、兄と弟さえいればいいの。私なんかいなくても」

あの時だって、ミヅキはそれ以上は語らなかった。さっき店で見せたのと同じような笑みを、ただ苦しそうに浮かべただけだった。

立派な親を持つというのは、どんな感じがするのだろう。優秀な兄弟がいるというのは、どんな気持ちがするのだろう。あのあとボールを打ちながら、そんなことを考えた。

バスルームの天井に張り付いた滴が、頭の上に落ちてきた。湯船からは湯気と一緒に、少しずつ水温が奪われていく。

ミヅキに伝えなければと思った。学生を続けているなんて、最悪なんだということを。あの人は優秀な息子さえいれば、娘なんかいなくてもいいのだということを。苦労しているのはミカコではなく、ミヅキなんだということを。けれどミヅキのしんどさなんて誰も理解はしてくれないし、そんなことはどっちみち期待できないということを。だからミヅキ、一緒に逃げよう。どこか遠くへ、一緒に逃げよう。

バスルームのドアを開けると、充満していた湯気に替わって、ひんやりとした部屋の空気が一斉に流れ込んできた。バスタオルを体に巻いたまま、通路に敷いたマットの上にそっと尻を下ろした。

「ダーリン？」

懐かしいミヅキの声が、耳の奥に蘇ってきた。高校生だった一時期、ミヅキは私をそう呼んでいた。私に宛てた手紙の中でも、そんな風に呼ぶことがあった。

ダーリン、おごって。うれし！　ジョークジョーク。いや、おごってくれるんなら遠慮なく。なんかこの手紙、話が吹っ飛んでんね。(笑)ついでに字も。へへッ。おゆるしお。つまんな〜い。こんどいっしょにドバーってどっか行って、ドバーって遊んで、ドバーってお金使って、ドバーって笑いまくって、ドバーって遊んでこよーぜい！いえーい

廊下の壁にゆっくりと背中をもたせかけた。その瞬間にふと、書こう、と思った。たった一人の読者に向けて小説を書こうと思った。

九月二十三日　ハンカ

今日中にハンカまで行くなら、出発は早い方がいい。起き出すと同時にテントを片づけ、ひと通りの荷造りを終えた。キッチンではチャパティ作りが始まっているらしく、みんな忙しそうだった。ようやく「さよなら」を言う機会をもらい、一人ひとりにお礼を言った。覚えたてのダジャレを使って晴れやかに話したつもりだったのに、彼らは一ミリも笑わなかった。さっきまでの元気がうそのように、目を伏せてしょんぼりしてしまっている。もしかしたら彼らの文化では、お別れの儀式やスピーチといったものは厳《おごそ》かに執り行うよう定められているのかもしれなかった。あるいはただ本当に、がっかりしてしまっただけなのかもしれない。「また会おう」と明るく言い合える旅人どうしの場合とは違い、地元の人や子どもとの別れは、いつだって簡単にはいかない。

彼らは知り合ったばかりの旅人に、お腹いっぱいご飯を食べさせてくれた。ラダック版の漫才で苦しいくらいに笑わせてくれた。ずっと一緒に旅をしようと何度も誘ってくれていた。もしも星を見なくていいなら、私だって彼らと一緒に最後まで旅を続けたかった。

「レーの街に戻ったら、皆さんを探します。ラダックを去る前にもう一度、必ず会いにいきますから」

弟たちと尼僧が、虚ろな目をして頷いた。お姉さんが、首に巻いたスカーフの端で、目の縁をさっとぬぐった。

潮時だ。

ザックを背負い、伸ばしたストックを両手に握った。みんなで登った坂道を、今度は一人で下りていく。午前九時。振り返り、最後にもう一度手を振った。それから先はもう、一目散に崖を駆け下りた。

マルカ川と支流がぶつかる分岐点まで戻ってきた。くつ下を脱いで裾をまくり上げ、川の水に両足をつける。二日前、午後にここを渡ったときより水はずっと冷たかった。夜間に凍結した水が、朝日を受けて溶け出して、支流から流れ込んでいるのだろう。冷たいというよりは痛かった。とくに足の裏がひどかった。昨日、尼僧に水を抜いてもらった足の裏の四つのマメが、小石を踏むたびにズキズキ痛んだ。川を渡りきったあと、タオルで丁寧に水滴をとった。白くふやけたマメの跡を押すと、中の水がぐじゅっと動いた。

まだ九月だというのに、渓谷では日に日に秋が深まりつつあった。真っ赤に色づいた草木があり、中にはすでに葉を落とし始めた木々もあった。青く晴れた空にも、もう弾けるような太陽はなく、夏の爛漫《らんまん》さは感じられない。そして短い秋が過ぎれば、あっという間に冬が来る。分厚い氷に閉ざされた長くて苛酷なヒマラヤの冬だ。

ひっそりとした秋の渓谷を一人で黙々と歩いた。畑に出ている村人をときどき目にした以外は、ほとんど誰も見かけなかった。フランス人の三人のトレッカーを除けば、旅行者にもまったく出会わなかった。旅行シーズンが終わりに近づいているのだ。標高四〇三〇メートルのハンカまでの道のりは、緩やかな上りがあるだけで、体への負担はほとんどなく、唯一気を使ったことと言えば、たびたび直面する川渡りぐらいだった。蛇行した川が行く手を遮ぎるたびに、私は辺りを歩き回って安全に渡れるポイントを探した。川幅が広く、ゆえに浅くて、流れがゆるやかなところを選んだ。警戒していたほどの水量はなく、水位は常に膝下だった。

思えばラダックに来て以来、ずっと天候には恵まれていた。デリーの空港で足止めされていた最初の数日間がうそのように、どこに行っても快晴が続いた。何人もの旅人が、「今シーズンは最悪だった。命があるだけでも幸運だ」と言い捨てて去っていったことを思えば、その直後に到着した自分ばかりが幸運を引き当ててしまったようで、ちょっと申し訳ない気持ちになった。旅人がすっかりいなくなった渓谷に座り、一人で静かにくつ下を履く。靴ひもを結び終えると、また東に向かって黙々と歩いた。

ハンカに着いたのは、日が傾き始めた四時ごろだった。今日は集落をあげての収穫作業をしているらしく、その一帯には賑わいがあった。大麦を背負ったロバたちが、畑から伸びる小道を次々と山手の方へ登ってくる。村人たちは、日焼けした顔に満足げな笑みを浮かべて、手際よく麦を縛り上げていく。作業は日が落ちるまで延々と続けられた。

夜になると、民家の居間に村人たちが集まってきた。ほどよい疲労感と、にじみ出る充実感が大部屋を満たし、リッカーボトルが次々と開けられていく。上座に座った男性たちに酒の肴《さかな》が振る舞われ、ひっきりなしに笑いが巻き起こった。今夜ばかりは、部屋の隅にいる旅人のことなどお構いなしだ。

部屋には私の他に、途中で唯一言葉を交わしたフランス人トレッカーの三人もいた。彼らは私よりもひと足早く、この同じ民家にたどり着いていたらしい。私たち四人の旅人は、ひどく腹を空かせながらも酒宴の陰で完全に放置されるという、この希有な状況に満足していた。もしも村の女性たちが、労働を終えて集まった他の村人を差し置いて、大量の外貨を落としていくよそ者たちにいそいそと酒を注ぐような民であったなら、私たちは興ざめしただろう。

農作業を終えた女性たちが、さらに数人集まってきて夕飯の支度が始まった。今夜は、チュタイと呼ばれるファルファッレ（リボン型パスタ）のような一品を作るらしい。女性たちが腕まくりをして生地をこね始めると、私たちもその輪に加わった。ようやく食事にありついたのは、それから二時間近くもあとのことだった。
夕飯が済むと、いつものように外に出てマルカ渓谷の夜空を見上げた。しかし民家の灯りが強すぎて、あまり星は見えなかった。少なくとも、よく見えているという印象はなかった。私は少し迷ってから部屋に戻り、カメラの代わりに歯ブラシを持って外に出た。水桶の前に立ち、歯ブラシを口に突っ込んだ。宴会はまだまだ続きそうだ。

初めて書いた短い話は、「百貨店のカエル」というタイトルだった。ある外資系ブランドショップで働く二十代の女の話で、最初の一行を書き出すと、あとは話の終わりまでスラスラと書き通すことができた。リアリティのある小ネタなら職場にいくらでも転がっていたし、登場人物のディテールにも事欠くことはなかった。実際に働いていた新宿の店では二〇人近いスタッフがシフトを組んで働いていて、毎日入れ替わり立ち替わり、いろんな客がやってきた。話しかけられるのを期待している客もいれば、そうではない客もいた。一つひとつの商品について詳しい説明を求める人、いろんな世間話がしたい人、とても急いでいる人や、なんだかよくわからないけれど店員からの謝罪の言葉をただひたすら聞きたがっている客もいた。ただし突き詰めて考えれば、彼女たちが心底求めていたものは根っこの部分では同じだった。尊重され、感謝されること。それさえ満たすことができれば、客たちは高いコストを満足げに払い、軽やかな足取りで帰っていった。失敗すれば、客たちはしかるべき手段によって、折れかけた心の修復を図り、傷ついた自尊心の回復に努めた。「上の人」を呼び出して、店員に制裁を加えればいいのだ。私を誰だと思ってるのよ、と小娘どもにわからせるために。小説のバックボーンに、本社から割り当てられた月間売り上げ目標を据えると、物語はそれっぽい体をなしてどんどんと転がっていった。

　小説は仕事が休みの日に書いた。午前中に掃除と洗濯を終わらせ、午後からは一人で部屋にこもってキーボードを叩いて過ごした。とても平和な休日だった。見ず知らずの客たちに一週間、精いっぱいの言葉をかけ続けたあとに、誰かと話したいという気持ちなんてちっとも湧いてこなかったし、だいたい話し相手となるような友だちもいなかった。外出したり人と会えば、お金だってかかってしまう。もちろん、都内にはミヅキがいたけれど、せっかくの休みの日にまで埼京線に乗るなんて、考えただけでもゾッとした。

　主人公は職場で好かれてもいなければ、とくに嫌われてもいなかった。仲間を作ることよりも、敵を作らないことを優先して働いていて、そうした彼女のキャラクター作りはある程度うまくいっていた。少なくとも小説の中では、うまくいっていた。

　その日の午後は、あるミーティングで起きたワンシーンを書いてみることにした。本社から送られてきた週ごとの業務連絡を店長がスタッフに読み上げる場面だった。店長はプリントを顔に近づけて、印字された通りにその内容を読み上げた。頭から順に聞いていくと、とてつもなくわかりにくい内容だったが、要するに、ショップをインプループするためのアジェンダに沿ってアクションテイキングし、マンスリーセールスゴールにミートするべく皆でチャレンジしていきましょう、そんな感じの話だった。そのために本社からは、具体的ないくつかの提案があったが、店長はその英単語をかんだ。

「スッ、スウ」

主人公は何も言わず、列の後ろで床を見ていた。何も見ないように、聞かないように、考えないようにして、ミーティングが早く終わってくれるのを待った。

「サゲ？　ねえ、これ何て読むの？」

スタッフたちの視線を感じて顔を上げると、店長がこちらを見ていた。笑みを浮かべてはいたけれど、目は笑っていなかった。主人公は単語を見てから「サジェスチョン」と答えた。できるだけフラットに、一切の感情を殺して言った。すると店長がテンションを上げて「おお〜！」っと大げさに拍手し、周りのスタッフもそれに倣った。

そこまで書いてから手を止めて、ベランダの向こうの空を見上げた。笑い話を書くつもりだったのに、改めて文章に書き起こしてみると、笑える要素など何もないことがわかった。店長がひどく気の毒に思えた。高層タワーで働いている本社のスタッフにイラついた。

いったい何が楽しくてこんな英語だらけの業務連絡を送りつけてくるのだろう。

パソコンを閉じて外に出ると、もうずいぶんと日は傾いていた。軽いストレッチをしてから、始めはゆっくりと、それから徐々に速度を上げて家の近所を走った。

「アメリカ帰りって、どうしてああなるのかな」

数日前、客足の途絶えた店内で、突然そう呟いたのは副店長だった。彼女は出入り口のあたりを見つめながらそう言った。もともと喜怒哀楽のわかりにくい人だったし、彼女がどんな意図を持ってそう言ったのか、だいたい誰に向かって言ったのかも不明だった。ただ、彼女の近くにいたスタッフが、私一人しかいないのは確かだった。

「日本語って、そんなすぐに忘れるようなもの？」

どうなんでしょうね、と、とっさに私が返すと、副店長と一瞬目が合った。

「でも多くない？　そういう子。日本語もちゃんとしゃべれないような子」

「そうですね」

「なんでなんだろうね」

「そうですよね。それはやっぱり、ダメですよね、そういうのは。単にその、外国かぶれしてるだけというか」

「あっ、そうそう。そんな感じ」

副店長の表情が少し柔らかくなった。

「私も人のことは言えないですけど、そこは日本人である以上、きちんとしたいと思いますけど……、敬語とか」

「あっ、やっぱりそうなんだ。中村さんはそういうところもないし、まだ安心して見てられるっていうか」

副店長と業務以外の話をしたのも、彼女の自然な笑顔を見たのも、それに何というか、少しだけでも打ち解けた気持ちになれたのも初めてだった。

「だっているじゃない、やたらとカタカナ言葉話したがる子。だからここは日本だって言ってるのにさ」

「分かります、分かります。いますよね、そういう人。社会人としてどうなのかって思います。たぶんそういう人たちって、自分が英語話せるっていうのを自慢したいだけなんじゃないですか。海外行ってました、っていうのを」

自慢って、と言って副店長は笑った。「だから何なの、って。もう笑っちゃうよね」

「そうですよね。だから何なの、ですよね」

「私はもうね、そういう子見ると、あっ、この子バカなのねって諦めてるの。最初から相手にしないっていうか」

夢中になって走っているうちに、見覚えのない住宅街に足を踏み入れていた。だけど気にせず、もっともっとスピードを出して、息が切れるまで全力で走った。気持ちのいい汗が流れ出てきて、Tシャツの首まわりを濡らし、胸もとを濡らし、背中を濡らした。そうやって汗をかき切ると、ようやく今日という一日を取り戻した気がした。それから、濃くなっていく夕闇の中を、走ったのと同じ時間をかけて今度は黙々と歩いた。汗がゆっくりと引いていき、冷たい空気を吸うごとに頭の中がはっきりしてきた。今書いているものを早く書き上げて、次の話を書きたかった。日常のくだらない話ではなく、もっと重要なメッセージを込めた希望の持てる物語、そういう話を書きたかった。ミヅキに向かって書きたかった。他の誰にも響かない、でもミヅキが読めば「わかる」話を、自分ならきっと書ける気がした。その小説の輪郭や世界観はもう決まっていたし、あとはイメージを膨らませ、細かい部分に色を付ければ、自分が本当に書きたい話を書き上げることができるだろう。

家に戻って風呂に入り、冷えた体を温め直した。バスタオルを巻いて廊下に座り、ミヅキのことを考えた。店で交わしたぎこちない会話や、雑踏の中へと消えていったうしろ姿を思い出すと、もの哀しさと一緒にひどい焦りが込み上げてきた。早く小説を書き上げて、ミヅキに読んでもらわなければいけない。

百貨店でミヅキが目にしたようなあんな自分では全然ない、仕事も雰囲気も言葉づかいも何もかもが違う主人公の話を書きたかった。幼なじみとの再会がもたらす奇跡的な話を書きたかった。彼女へのささやかな憧れを。彼女が抱えた息苦しさを。理解を求めるむなしさを。誤解を受けるしんどさを。それでも世界のどこかには、同じ景色を見ている人が必ずいるということを。ここにはいない誰かの話を。ここではないどこかのことを。だから逃げよう。遠いどこかへ、僕と一緒に。

……ぼく？　突然出てきた一人称に、さすがに一瞬戸惑った。一方で、いったん「ぼく」の視点からミヅキに向かって話してみると、妙に自然でしっくりときた。ミヅキを近くに感じたし、ミヅキにとってもその方がたぶん落ち着くような気がした。

私は立ち上がり、乾きたての洗濯物の山の中から下着とパジャマを引っ張り出した。ぼやぼやしているとあっというまに湯冷めする季節がやってきた。服を着てキッチンに立ち、夕飯の支度に取りかかった。

「ねえ、ダーリン？」

退屈だった倫理の授業中に、小さく折りたたんだルーズリーフが後ろから回ってきたことがあった。冒頭で二〇回「ひま！」と叫んで始まる、いつものミヅキの手紙だった。もちろん、ダーリンに宛てて書かれた手紙だ。

今日は部活やりたいよーでやりたくないよーな、ヘンな気持ちであーる。なんかテニスしたいんやけど、友ダチとしゃべんのがめんどーなのさっ。社交的でないし口下手で性格ワリーから、うちは毎日キラわれんじゃないかとビクビクしながら生きてんのさっ。おやまー、さっそく本音がでちまったです。はぁ～、人生につかれた十五才。うちってゼッタイ早死にするわ～。ワタシの心はまっくろくろ。いやはや、今までに苦い経験くさるほどしてきたしぃ。中学の三年間でビッチシくさった根性たたきこまれたしぃ。あ～～～～～あ～あ～～!!!!　思っ切り叫びたいっ!　これって重症?　だよね…。けどまじで、これでガッコ行きたくなくなったら、うち、自爆するわ

歯ブラシをくわえたまま、ぼんやりと夜空を見上げた。宴会はさらに盛り上がり、笑い声がいくつも村の夜空に弾けた。春が来たら種を蒔《ま》き、秋が来たら麦を刈り、たっぷり日に焼けてどぶろくを飲み、酔っ払ってみんなで深夜まで騒ぐ。もしもラダックに生まれていたら、きっとそうやって生きていた。私も、ミヅキも。

売り子の仕事は半年で終わり、次はオフィスの仕事に移った。手取り収入は倍になり、

ようやく生活も落ち着いてきた。仕事帰りに映画を観たり、好きな音楽を買えるようになった。ブックオフを卒業し、本屋で文庫本を買うようになった。もう、五円、一〇円の差額をめぐって、神経をすり減らさなくてもよくなったのだ。

オフィスの中は快適だったし、仕事は平凡で楽チンだった。社長が来たら表に並んで、みんなで朝のお出迎えをした。社長が新聞を読み始めたら、専門店から取り寄せたコーヒー豆をキリマンジャロとコロンビアの一対一でブレンドし、淹れたてをブラックで社長室へと運んだ。それから午後には緑茶を淹れて、お茶が終わると茶碗を洗った。茶葉が残り少なくなれば、うおがし銘茶に電話をかけて新しいものを取り寄せた。何もやることがなくなると、社長は私を個室に呼んで、帰国子女の多くに見られる問題点を指摘した。お前さんさぁ、と社長は言った。

「それじゃあやっていけないよ。お前さんみたいなの、これまでにもたくさん見てきたんだよ。外国で勉強しましたって、そんなのもいた。外資でやってたような連中もいた。そういうのもいろいろ見てきた。だからよーくわかるけど、社会人にはマナーってのがあるんだよ。普通はさ、こんなことぐらいはみんな新人研修でやるの。みーんなできるの、こんなことぐらいは。だからどうするかって、掛谷とも相談してたんだけどさ、研修にでも出すかって。今、そういうのがあるんだよ。一般常識叩き込んでくれる研修サービスってのがさ。これ、ぜーんぶ、お前さんのため思って言ってんだ」

　話を聞き終えて部屋を出ると、平和で退屈な業務に戻った。これも仕事の一部だと思えば、とくにどうということはなかった。むしろ日本の会社の寛大さには、感心すると同時に心配になったくらいだった。コーヒーを淹れ、茶碗を洗い、話を「はいはい」と聞いてさえいれば、来月も給料は振り込まれてくる。

　生活サイクルが安定したので、朝と夜も書くようになった。仕事を終えてアパートに戻り、さっと夕飯を食べたあと、毎晩夜中の一時ごろまでパソコンに文字を打ち込んだ。朝は五時に起き出して、コーヒーを淹れて続きを書いた。それから朝食と弁当を作り、いつも早めに家を出た。

「百貨店のカエル」を書き終えるとすぐ、次の話に取り組んだ。一作目と同じ売り子の話で、しかし舞台は日本ではなくアメリカのショッピングセンターだった。ミヅキのための小説をできれば早く書きたかったが、その前にもう一編だけ練習しておくことにした。本当に書きたい小説は、しっかり準備をととのえてから、ミヅキに読まれて恥ずかしくないレベルに仕上げたいと思っていたから。

　サンフランシスコのその店舗には、アメリカ人の店長がいた。大学で英語を専攻した若い白人の女性だった。彼女は頭の回転が早く、マネジメントスキルには定評があった。最小限の人材を使って最大限の利益を生み出すことができた。常に合理性を追求し、戦略的に物事を進めた。その徹底ぶりには清々しさを覚えたし、仕事はとてもやりやすかった。少なくとも彼女の下で働いたあとでは、日本の上司がやることなんて、ただの暇つぶしくらいにしか思えなかった。店には他に、結婚を機にアメリカへ移住したベルギー人の副店長と、日本人の年配のスタッフ、それにベトナム系アメリカ人やグアテマラ系アメリカ人の若いスタッフが働いていた。当時のスタッフはみんな女性で、男性は黒人の警備員一人だけだった。私たちは仲もよかったし、店長と副店長の息も合っていた。店の方針も共有できていて、売り上げも順調に伸びていた。ただ一点だけ、言葉に対する考え方だけが、チームの中で食い違った。

店長は、スタッフ同士が店の中で英語以外の言語を使うことを禁じた。ここでいうスタッフというのは、店に二人いた私たち日本人スタッフのことで、英語以外の言語とはすなわち日本語を意味した。日本人相手の接客時以外は、絶対に日本語を使わないこと。それが店長と交わした約束だった。なぜなら、と彼女は言った。

「ここは英語を話すべき場所だから。それ以外の言葉を話すのは、周りに対して失礼だし、あなたたちにそのつもりがなくても、何か隠し事をしているみたいで、客や他のスタッフに不快を与えてしまうから」

とくに異論はなかった。だから私たちは英語で話した。ただ、店長の徹底ぶりには、公衆の倫理以外の理由、何かもっと個人的な執念のようなものを感じないわけにはいかなかった。客やスタッフがいようがいまいが、少しでも日本語が聞こえてこようものなら、店長は「ちょっと、あなたたち！」と、血相を変えて飛んできたから。それには例えば、シフトの入れ替わりに「お疲れさま」と、つい日本語が出てしまったような場合も含まれた。店の混雑時にテンパったり、ＰＯＳシステムのエラーでパニクって、とっさに日本語が出てしまったこともある。

「別にそんなの、わざわざ英語にしなくてもいい。話しやすい言葉で話せばいいじゃない」と、真っ向から反論したのはベルギー人の副店長だった。彼女の母語はフランス語で、英語には独特の訛りがあった。日本人の私たち二人が無理に英語で話していると、「日本語で話せば？」と、彼女は呆れ顔で言った。他のスタッフを交えてみんなで話しているならともかく、二人の個人的な会話まで、いちいち周りに知らせるかのように英語に置き換える必要はない、と。

「あなたたちが何を話そうと、何語で話そうと、私は全然気にならない。会話の自然な流れの中で、英語も日本語も必要に応じて話せばいい。せっかく日本語が話せるんだし、楽できるところは楽をすればいいじゃない。もしもこの店にもう一人フランス語を話すスタッフがいたら、私だってフランス語で話すわよ。そんな、バカみたいに英語で話したりしないから」

「でも、店長にバレたら……」

「知ってるわよ」と、副店長はぶっきらぼうに言った。

「でも今日みたいに店長がいないときは、好きな言葉で話してちょうだい。英語、英語、って、彼女はえらくこだわってるけど、あなたたちが英語しかしゃべれなかったら、誰が代わりにカバンを売るの？　だいたいこの店は、バイリンガルのスタッフたちのおかげで成り立っているようなもんじゃない」

その日のシフトは遅番で、副店長と私は二人で店に立っていた。そこへ一人の客が来て、カバンを返品したいと言った。白人の、英語ネイティブの、地元の人と思しきアメリカ人の女性だった。

「ほら、レシートもちゃんとあるわ」

笑顔のご婦人からレシートを受け取ったところで、副店長が目で合図し、私に代わって対応を始めた。

「返品をご希望される理由をお聞かせいただいてもよろしいでしょうか？」

「形が気に入らないの。使ってみたら、思っていたよりも角が出っ張っていて、あちこちに当たってしまうし、これじゃ使えないわ」

副店長は落ち着いた表情で、客の不満を聞いていた。カバンは明らかに使用済みで、角の部分は擦り切れていた。モデルも古く、とてもじゃないが返品としては受けられない。部分的なお直しや、無料クリーニングサービスを提案し、それでも引き取ってもらえなければ、最後は保留か、別の商品との交換か……。でも、いずれにせよ返品だけは受けるわけにはいかなかった。それから、と副店長はレシートを見ながら言った。

「こちらの商品は、他の店舗でご購入いただいたものですね」

「ええそうよ。だから何？」

客はこれ見よがしに腕時計に目をやると、首を横に振った。

「ご購入いただいた店舗であれば、また別の対応をさせていただけるかもしれません」

「そんな時間はないの。私は忙しいの。早く払い戻してちょうだい」

苛立つ客の指先が、ガラスのカウンターをカチカチと叩いた。

「大変申し訳ございませんが」と言いかけた副店長の言葉を遮るように、客は、すみませんが、と言って、副店長の目を凝視した。

「誰か、英語が話せる人はいないの？」

きた。

学生時代に働いていたカフェテリアにも、たまにそういう客がきた。一人で店番をしていると、いろんな客がやってきた。ほとんどの客は愛想もよく、私の言葉の欠陥なんて気にも止めていなかったし、下手なりに必死で対応すれば温かいエールを送ってくれた。けれど中には、虫の居所が悪かったり、少しでも分が悪くなると「英語を話せる人を出せ」とヒステリーを起こす人もいた。そんなときはすぐにでも他の誰かを呼びに走った。バイトでもパートでも、そのへんの人でも誰でもいい。英語がマトモに話せる人、ネイティブスピーカーに助けを求めた。下手に反論しないこと、事態を悪化させないことを、何よりも優先するようにした。少々悔しい思いをしても、客に腹を立てたりしたら自分の負けだと思っていた。憎むなら自分の下手な英語を、嘆くなら努力不足を嘆けばいい。泣きごとを言うような暇があったら、英語力をもっと磨いて、完璧に話せるようになればいい。「英語を話せる人を出せ」なんて二度と言われなくて済むように。

店には私たち以外誰もおらず、店長は帰ったあとだった。「明日の朝でしたら、店長も出勤いたしますので」と言おうとした私を制して、副店長は「ｙｅｓ」と静かに言った。そして背筋をすっと伸ばして、淡々と言葉を続けた。

「Yes, I'm speaking.」

客は副店長をじっと見つめ、諭すように「ＮＯ」と言った。それからわざとゆっくりと、ハキハキと続けてこう言った。

「ち・が・う・の。英語が話せる人、を出しなさいと言ったのよ」

副店長は表情を変えることなく、もう一度「ｙｅｓ」と頷いた。そして静かに客を見据えた。

「私は英語を話しています。それで、いかがいたしましょうか？」

客は大きくため息をつくと、持ってきたカバンを乱暴につかみ、バタバタと店を出ていった。

そこまで書くと手を止めて、キッチンでお茶を淹れ直した。少し休んでから机に戻り、次の場面を書き始めた。書きたい場面はいくらでもあった。次から次へと、「あの頃」があふれでてくる。

深夜にキーボードを叩いていると、パチパチっと気楽な音がして、いつも気持ちが落ち着いた。二時まで書いて寝ることもあれば、三時ごろまで書くこともあった。四時までダラダラ書き続けた日は、そのまま眠らず夜明けを待った。そして時々、ミヅキを思った。専門書の山に囲まれて論文に取り組むミヅキの姿だ。

新聞屋さんがやってきてカブのスタンドをガチャッと下ろすと、向かいの家の郵便受けからカポッと間の抜けた音がした。あの頃のミヅキもこんな風に、真夜中に一人で机に向かってあの手紙を書いていたのだろうか。そんなことを考えたりした。

な〜んかイロイロわけわからんことをゴチャゴチャ書いたなぁ。またしても話飛んどるし、何言いたいんか『は?』って感じやけど、うちの手紙は全部こんなんやで、覚悟しときい(笑)。あー地学も数学も宿題丸々残っとるし、もう十二時やのにうちはナニをしているんだ? まっ、ええわ。なんかこの頃、あんたに迷惑かけまくっとるなー。またいつかお返しができたらよいと思ってます。ホントあんがと! かんしゃかんしゃ。今、たのしいことといえば、あんたとミカコとしゃべることぐらいかも。そりゃクラブもたのしーし、他の子もええこばっかやし、今のとこ(笑)自殺願望もないし、毎日だらだらとすごしとるけどさっ。もーちっとおもしろくならんかなー。また三人で語りあったり、あそびにいこな。もしかしてうちってじゃま者? そっ、そんな〜。うちがどんな顔して書いとるかだいたい想像つくやろ? 目が半分しまってきた(笑)。なんかもっともっともーっと言いたいこととかあるんやけど、何が言いたいかわけわからんくなってしまった。けど今からストレスためてんじゃー、テスト期間どーなることやら…。津高生はツラいのう。もーわしゃ勉強につかれた。一週間でいいから(できれば一ヶ月、いや一年、いや一生…)受験とかテストとか成績とか順位とか頭のいい悪いについてまったく考えんと過ごしてみたいと思わん？　ちょっとテニスひとすじになろっかな。明日の伊達さ！　ゴール！　おめでと！　やっとおわったで（笑）

歯ブラシを洗って、タオルで口のまわりを拭いた。明日の今ごろ、私はニマリンで星を見ている。

第5章 星を追うということ

ニマリン／ゴンマル・ラ（峠）／レー

九月二十四日　ニマリン

弁当をザックに詰めたあと、自室にじっと隠れていると、表で名前を呼ぶ声がした。ドアを開けると案の定、フランス人の三人組がすっかり支度をととのえて待っていた。四十代のおじさんが一人と、二十代のカップルが一組。若者は、男の子がハビエールで、女の子はティフフニという名前だった。気さくで愉快な彼らといるのは、もちろん楽しく居心地もいい。フレンチ気質の彼らなら、誘ってくれそうな予感はあった。旅人を一人で放っておかない、良くも悪くもそれが彼らだ。しかし今日のトレッキングは、できれば一人で歩きたかった。孤独がいいというのではなく体力的な理由からで、彼らのペースについていくのは難しいと判断したからだ。

ニマリンまでの道のりは、平面距離が短い割に標高差は七〇〇メートル以上あり、勾配はそこそこきつくなる。傾斜がきつくなればなるほど、荷物の負荷が体にかかり、スピードは覿面《てきめん》に落ちてくる。私は体力で三人に劣り、それなのに、荷物は彼らよりも重かった。三人の足を引っ張ることは、歩く前から明らかだ。

「レッツゴー！」

ハビエールの声が青空に響き、私は慌ててザックを背負った。仕方がない。とりあえずは一緒に行くことにするが、途中でついていけなくなったら先に行ってもらうしかないだろう。二〇リットルのリュックサックを背負ったおじさんが、先頭をぐんぐん歩き始めた。三五リットルのザックを背負った若い二人がおじさんに続く。そして三人の後ろから、五〇リットルのザックを背負い、私が遅れ気味に追いかけた。

彼らはなかなか休まなかった。一時間が過ぎても、二時間が過ぎても、休憩する素ぶりすら見せなかった。私はときどき足を止め、荷物をおろして水を飲んだ。どっちみち遅れ気味なのだから、一分の遅れも五分の遅れも大した時間の違いではない。それよりは五分間体を休める方がずっと大きな意味がある。

平地と緩やかな上りが終わり、いよいよ勾配がきつくなった。私が一人でどんどん遅れ、ティフニも徐々に遅れ始めた。ハビエールがおじさんを追い抜かし、私たちの先頭を引っ張っていく。きつい坂を上りきると、また次の坂がやってきた。一つの区切りがやってくると、彼らはそこで荷を下ろし私が来るのを待っていた。待たずに先に行ってくれたらどれほど楽かと思ったが、彼らのハートは温かすぎて置いていってはくれないのだった。最後に私が追いつくと、たっぷりと休憩を取り終えた彼らは、ねぎらいの言葉と共に立ち上がり、すぐまた歩きだしてしまうのだった。こんなことでは、最後尾をいく私一人がいつまでたっても休めない。

　最後の上りに差しかかる頃には、私一人だけでなく、みんなも疲れてしまっていた。先頭を歩く男二人も、自分のペースに集中しながら、目的地を目指して無言で進む。ティフニはティフニの速度で歩き、私はあの不格好で低速の「足踏み歩行」で進んでいった。

　坂道をどうにか登りきると、突然、行く手の視界が開けた。目の前には、両側を雪山に囲まれた緑の平原が広がっていた。どうやらニマリンに着いたらしい。キャンプサイトも向こうに見えた。数百メートル先のティーテントに、おじさんが一番に入っていった。その少し後ろを、ハビエールとティフニが仲よく肩を組んで進んでいく。どこからともなく現れたヤクたちが、長い毛を風に揺らして歩いていた。空はどこまでも青く、降りそそぐ日差しは強かった。平原に強い風が吹き、ところどころに浮かんだ雲をはやい速度で押し流していく。

　ティーテントのベンチに荷物を下ろし、その場にドサッと身を投げると、鉛のような疲労感が全身にのしかかってきた。きつかった。自分のペースで休めないことが、これほどこたえるとは思わなかった。管理人さんが淹れてくれた砂糖たっぷりのミントティーが、疲れた体に染み渡った。まばたきと息をする以外、もう何もする気になれなかった。カップを両手で包んだまま、テント中央の柱を眺めた。ぶら下げられた数珠の下に、マジックで書かれた数字が見えた。ほとんど落書きにしか見えないペン跡に、視線が吸い寄せられていく。

4、7、0、0、メートル。

ニマリンに、来た。新月に、間に合った。空になったカップに、二杯目のお茶を淹れてもらった。今夜、月が、完全に、消える。

一緒に来た三人は、予め設営されていたキャンプサイトにチェックインした。私はお茶を飲み終えると、ザックを担いで外へ出た。一番いい星が見えそうな場所を探し出し、日暮れまでにテントを張り終えなければいけない。キャンプサイトから北西に向かって二〇〇メートルばかり歩き、そこに平らな草地を見つけてようやく背中の荷物を下ろした。強い西風が吹いていた。西の空には雲があり、一部がちぎれて流れてきていた。一抹の不安が胸をよぎる。しかし、どうこうできる問題でもない。風の強さと風向きが、刻一刻と変化する。すべては運に任せるしかない。

ザックからテントを引っ張り出して、組み立て作業にとりかかった。強い風が吹き付けてきて、グラウンドシートを巻き上げた。ポールを素早くテントに通し、ペグを地中に打ち付けていく。いつもより深く、したたかに。フライシートが風に押されて、なかなかフックに掛からない。

ようやくテントを張り終えると、中に入ってマットを広げた。日暮れ前の陽光とはいえさすがに高地の日差しは強く、テントの中は温かかった。防寒着と寝袋を取り出して、室内の熱で温めた。今朝すれ違ったある旅人は、ニマリンから逆走してきたと言い、ニマリンの夜間の冷え込みを私たちに警告していった。マイナス一〇度を割り込む、と。

私は厚手のインナーに着替え、ズボンの下にタイツを履いた。ニット帽を頭にかぶり、レインパンツも取り出しておいた。

ひと通りの防寒対策が終わると、マットの上に仰向けになった。風に煽られたフライシートがバタバタと音を立てていた。おそらく、夕方のこの時間帯を過ぎれば、風は弱まっていくだろう。ただ問題は、あの雲だ。西の空のあの雲が、このあとどこまで移動して、どこで止まるかが問題なのだ。それで今夜の、この旅の、すべての運命が決まってしまう。

ボコッ、ボコッ、と地面を蹴る音がして、私は慌てて体を起こした。テントのわきすれすれを獣の影が移動していく。グフッ、グフッ、と鼻息を鳴らし、巨体を緩慢に揺らしながら、一頭、また一頭と、ヤクたちが通り過ぎていった。

夕飯どきのティーテントには、二〇人近いトレッカーが集まっていた。みんな厚手のジャケットを着込み、ベンチで身を寄せ合っていた。日没を合図に急降下を始めた気温は、あと数時間で零度を打ち、氷点下へと転がり落ちていく。スープとカレーで体を温め、七時半過ぎにティーテントを出た。

キャンプサイトから離れると、もう辺りは完全な闇だった。当たり前だ。月が出ていないのだから。ヘッドライトのビームを頼りに自分のテントを探し出し、撮影準備にとりかかった。撮影モードをマニュアルに合わせ、絞りを開放し、シャッタースピードを二〇秒にセットした。手ぶれ補正をオフにして、マニュアルフォーカスに切り替えた。ISO感度を400に設定し、セルフタイマーを二秒に仕掛けた。最後に三脚の足を伸ばして、プチプチにくるんだ予備バッテリーをダウンジャケットのポケットに入れた。いよいよだ。ネックウォーマーで首もとを固め、闇の中へと飛び出した。

二つ並んだ雪山のちょうど谷間の辺りから、天の川が突き出していた。これからさらに上空に向かって、どんどん伸び上がっていくだろう。予想通り風は弱まった。けれど小さな雲の破片が、ところどころに残ってしまった。テントから五〇メートルばかり北西に歩き、そこへカメラの三脚を立てた。


ミヅキが店に来て一年半が過ぎた頃、テニス部の仲間に誘われて青山へランチに出かけた。声をかけてくれたのは、高校生の頃から面倒見がよく、卒業後も仲よくしてくれていたサトコだった。私の手を引いて職員室に行き、一緒に頭を下げてくれたあの子だ。しっかり者だった彼女は、そのまま曲がることなく大人になり、私やミヅキのような世渡りが下手な旧友にも、機を見ては声をかけてくれていた。大手電機メーカーに勤めていたサトコは、当時は横浜で勤務していて、首都圏に出てきた私たちの貴重なつなぎ役だった。その日の待ち合わせには、もう一人同じ部活だったマイも来ると聞いていた。マイとは三年生のときのクラスが同じで、そこそこ仲もよかった。高校時代の宣言通り薬剤師になったとは聞いていたが、彼女が東京に出てきていたことは、このときまでまったく知らなかった。

交差点でサトコと落ち合い、飲食店に向かって歩いた。表参道を原宿方面に進みながら、ミヅキも来るのかと私は訊いた。

「いや、一応声はかけたけど、今日は無理って。残念やけど、よろしく伝えといてって」

「そっか残念。この前は私が都合悪くて、せっかく声かけてもらったのに。あの時はミヅキ、来てたの?」

「うん。来てくれたよ」

歩道にあふれた大勢の人が、次から次へと押し寄せてくる。いつまでたっても慣れることのない東京のひどい人混みを、かき分けるようにして二人で進んだ。サトコのことも、マイのことも、訊きたいことはたくさんあった。でも一番気になるのは、今日この場に現れなかったミヅキのことだ。

「ミヅキ、どうしてた？」

「う〜ん」

「元気そうやった？」

「う〜ん、なんて言うか、だいぶ痩せてた」

一年半前に店に現れたミヅキの細かった腰まわりや、骨張った肩口を思い出した。とは言え、それを隠すという風でもなく、体のラインが出るようなピッタリした服を着ていたことを考えると、本人の意志に反して痩せたとは言い切れないところもあった。そして現実として、「ミヅキが痩せた」と話すサトコもまた細くなっていた。はっきりと目に見える形で細くなり、キレイになっていた。

「しんどそうっていうか。ちょっと痩せすぎかなとは思ったんやけど」

サトコは首を傾げてそう言った。

「うん。想像はつくよ」

あの時からさらにミヅキは細くなってしまったのだろうか。

「ミヅキ、忙しいのかな？」と私は言った。

「ミヅキはあんまり自分の話はせんから」と言いつつも、サトコはミヅキについて知っている限りのことを教えてくれた。

ミヅキは無事大学院を卒業し、翻訳家になったということだった。今は委託を受けて仕事をしていて、自宅で翻訳したものを期日ごとに納品しているらしい。

「それって技術翻訳？」

「いや、詳しいことは知らんけど、何か専門的なことやってるみたいやったよ。そこそこ忙しそうにしてるみたい」

「そっか。ついに翻訳家になったのか。すごいな」

「うん。すごいよな」

「いやすごいってさ、そういう、ただすごいのとはちょっと違って。翻訳って、英語も日本語も、両方の言葉に強くないとできないから」

「へえ、やっぱりそうなんや」

「うん。ちょっとぐらい英語ができますってレベルと、本当にそれ一本で食べていけるプロのレベルとでは、まったく次元が違うもん」

灰色のセーターを着て辞書を引いていたミヅキの横顔が浮かんだ。ミヅキはもう、学生ではない。ミヅキは自分の力で稼いでいる。それも、身につけた特別な技術を活かして専門職に就いた。小さい頃から積み重ねてきた努力が、ようやく実ったのだ。ミヅキに、お祝いの言葉をかけたかった。できれば直接会って、あの頃と同じ純粋な憧れを、まっすぐ本人に伝えたかった。

「委託ってことは、時間はそこそこ自由なのかな？」

「どうかな。でも納期があるみたいやし、結構忙しそうな感じではあった。アキは全然、連絡取り合ってない？」

この一年半の間に、二度ばかりミヅキに連絡をした。新宿で時間ができたときに、思いつきで連絡を入れたこともあった。けれど、私の誘いがいつも直前だったためか、二回とも会うことはできなかった。

「ああ、それでは会えんよ」とサトコは言った。「ミヅキはとくに、直前とか無理そうやから。でも早めに連絡すれば、仕事調整して時間作ってくれるよ」

「うん。もうちょっと前もって連絡するようにするよ」

目指しているカフェがどこにあるのかを、私は知らなかった。とりあえずサトコについていけばどこかには着くはずで、それがものごと全般に対する私の基本的な姿勢だった。私はサトコを見失わないよう、そのことだけに気をつけて雑踏を歩いた。

「たまにはアキからも連絡したって。この前みんなで会ったときも、一緒にはいるんやけど、ちょっとつらそうやったから」

「つらそうって、どんな感じに?」

サトコは神妙な顔つきで考え込んでしまった。以前店に来たときも、ミヅキは確かにつらそうではあった。でもあの頃のミヅキはまだ学生で、今とは状況が全然違う。せっかく仕事も始めたというのに、つらそうとはどういうことだろう。

「他には? 何か言ってなかった?」

「どんなこと話したんやったかな……。全部は覚えてないけど、途中で結婚の話とかになって。ミヅキは、結婚は絶対しないって」

「なんで?」

「いや、わからん。そんな今から決めんくても、人生どうなるかなんてわからんと思うけど、本人は何か頑《かたくな》な感じで。だからマイとも、何かあったんかな、みたいな話はしたんやけど。心配やなって」

「そっかぁ……」

ミヅキがなぜ結婚を拒否したかなんて、そんなことはどうでもよかった。とくに心配もしなかった。ミヅキはやっと仕事に就いた。それだけでもう十分だ。ただ、その手の話題を突然振られて、首を横に振るくらいしか策を持ち合わせていなかっただろうミヅキの姿が想像できた。ミヅキは、適当なことを言い繕ったり、ギャグをかまして煙に巻いたり、そういったことが苦手だったから。

自分もその場にいるべきだった。『結婚なんか、せんでもええ』と、大演説をぶつべきだった。あることないこと構いなく、しゃべり倒してしまえばよかった。そうやってミヅキがしゃべるチャンスを、ことごとく奪ってやるべきだった。そうすればサトコだって私に話を振っただろう。

『ほんなら何、アキまで結婚せんとか言い出す気?』

『うん。ほんまはめちゃめちゃしたいけど』

マイは手を叩いて笑っただろう。『でたで、やせ我慢』

サトコは呆れて笑っただろう。『そんな意固地にならんでも』

そしてミヅキも赤面しながら、あの頃みたいに体をよじって……。

私たちは四人で会うべきだった。高校時代のキャラのままなんとかバランスをとりあって、四人でそろって会うべきだった。結婚の話をしなくても、他にも話題はたくさんあった。ミヅキに質問しなくても、私に訊いてくれればよかった。ミヅキに近況を語らせる前に、私に語らせて欲しかった。サトコならそうしてくれただろう。二十代も半ばになって社会人から降りた私に、アパートもぜんぶ引き払ってこれから日本を出ていく私に、サトコなら訊いてくれただろう。

『勤め先もやめてしもて、ほんとにこれからどうするの?』
『放浪の旅にでかけるの』
とにかくミヅキを笑わせたかった。そうできるなら、何だって僕は……。

冷たい風が吹いてきて、早くも指先がかじかんできた。南の空を撮ったあと、今度は北側にレンズを向けた。この旅が始まって間もない頃、もっぱら熱心に撮っていたのは南側の空だった。赤茶色の帯を巻き上げて伸びる、天の川の迫力に打ちのめされていたからだ。けれど夜を追うごとに、北の空にも惹かれ始めた。じわじわと見る者を魅了する奥行きの深さがそこにはあった。目立つ光源がないせいか、星を溜め込んだ北の空には、どこまでも均質な広がりがある。

一つひとつの星たちが、深い宇宙の懐にそれぞれの持ち場を確保して、じっと動かず光を放つ。慌てず、焦らず、騒ぎ立てもせず。でもときどき、ちょっとだけざわついたりもする。数光年先の恒星どうしが小声でささやき合うように。

あのあとすぐに日本を離れて、数年間世界を彷徨《さまよ》った。久々に東京に戻ったときには、マイはすでに結婚をして街を離れたあとだった。続いてサトコも地元に戻り、街にはミヅキと私が残った。私たちは三十歳になっていた。

ミヅキとは時々、連絡を取り合った。正確には「取り合った」のではなく、こちらからの誘いに対して、ミヅキは返していただけだった。いつも丁寧な文面で、「今回は残念ながら都合がつかず」しかし「次こそは必ず」と書いてあった。そのうちまた会えるだろうと思わせてくれる、前向きな返事ばかりだった。ただ、それでも会えなかった原因の多くは、私の無計画な誘い方にあった。余裕をもって連絡するようサトコに言われていたにもかかわらず、いつも直前になってからしか私はメールしなかった。自分でもなぜかはわからない。放課後のふとした思いつきで気軽にパスタを食べに誘った、あの頃と同じノリでしかミヅキには声をかけられなかった。

毎年一回か二回だけ、携帯からメールで食事に誘った。それから年の瀬がくると、年賀状を書いて送った。とくに報告したいような近況などはなにもなく、当たり障りのないものとして食べ物の写真を貼って送った。元日を過ぎてしばらくしてから、ミヅキからは返事が送られてきた。年賀ハガキではない普通のハガキに、社交辞令だけではない、個人的なメッセージがいつもきちんと添えられていた。返事をくれるということが、ミヅキの義務感によるものなのか、自然な意欲からきているのかは、たやすくは判断できなかった。

ただ、私がそうだったように、ミヅキの方にも、報告したいことはこれといってはなさそうだった。
それならば年賀状のやり取りなんて、やらなくてもいいと思ったりもした。正直なところ迷いはあった。「今年こそは会えるといいね」と、会う気もないのにみんなで書き合う年末年始の奇妙な儀式に、ミヅキを巻き込む必要が本当にあったかはわからない。ただし、その他多数に宛てて書きながらミヅキに書かないという選択肢は、どうしても選ぶことができなかった。なぜならミヅキは、文字通り「会えるといい」と書くことができた数少ない宛先の一つだったから。

流れてきたひとかたまりの雲が天の川にひっかかり、その一部を黒いシミで覆った。今夜は新月で、ここはニマリンなのだと思うと、もう少し撮影を続けたかったが、もうこれ以上は寒すぎて立っていることができなかった。三脚をたたんで足早にテントに戻り、頭から中へと滑り込んだ。体が芯まで冷えきって細かい震えが止まらない。

ミヅキから受け取るメッセージには、励ましの言葉が多かった。正面からはっきりと「応援している」と書いてあったこともある。どんなときも歯切れのいい、いきいきとした筆致が特徴だった。言葉そのものが飛び跳ねながら、無邪気に手を振っているような、そんな感じの文章ばかりだ。私の日々の生活の中に、ミヅキに応援してもらうような何かがあるとは思えなかったが、それでも前向きな言葉をかけられて悪い気はしなかった。

ミヅキが応援してくれたように、私も密かに心の中ではミヅキのことを応援していた。できることなら堂々と励ましたいと思ったりもした。けれど、ミヅキがやったのと同じことを、私はミヅキに返さなかった。なぜならミヅキが頑に「応援してもらうようなことは何ひとつない」と言ってあとずさり、消えてしまうような気がしたからだ。ミヅキに言葉をかけていたなら、それは何かしら英語なり翻訳なりに関係していたはずで、けれどそのことに繰り返し触れられることをミヅキが望んだかはわからない。なぜならそれは、ミヅキが小学生のときから一貫して手放さなかった武器であると同時に、背負い続けた重圧でもあったから。英語を取り除いたときに、自分には何が残るだろう？　ミヅキはそんな風に思っているような気がした。

もちろん見方を少し変えれば、残るものは他にもあったし、たとえ残らないという仮定に立っても、それしか無いんだと割り切って生ききってしまうこともできた。世の中の多くの人間は、そんなものさえ持つこともなく、やりくりして生きているのだから。しかしそんな一般論をミヅキに話す勇気はなかった。英語の世界にいる限り、そのヒエラルキーの中だけで生き続けようとする限り、ミヅキは隙を見せられないし、私はミヅキをいじれない。だいたい、私がミヅキを励ますなんて、しかも英語に絡めて励ますなんて、そんなことは最初から、そして永遠に、できるわけがなかったのだから。

励ましの他に、ミヅキからのメッセージにはもう一つ別の特徴があった。それは私に宛てた手紙を方言で書いてきたことだった。標準語でも関西弁でもない私たちが育った田舎の言葉が、それと特定できる形で必ず書き残されていた。口述のようにイントネーションを変えられない文章という形式の中で、決定的な方言を書き表すのは簡単ではない。文中にわずかしかない語音変化の機会を、ミヅキは決して逃さなかった。たった一字か二字に込められた確かな変化の痕跡に、何かしら意図的なものを感じないわけにはいかなかった。なぜならそんなことをするのは、ミヅキただ一人だけだったから。

ミヅキは文中であからさまに故郷を懐かしがることもあった。私たちが育った街に帰りたがっているようだったし、高校生だったあの頃に戻りたがっているようでさえあった。そういうミヅキの態度は、私をときに混乱させた。若さという限られた資源の使い道は、過去を振り返ることよりももっとスリリングな何かにあるべきだと思っていたから。郷《きょう》愁《しゅう》に浸るのは、歳をとってからでも遅くはないし、何かに浸るような真似は、いずれにせよ陳腐だと思っていた。結局のところ、ミヅキがどのような意図を持って、郷里への思いを書き綴っていたかはわからない。懐かしむに値する居心地のよさが、あの地方都市のどこかにはあったのかもしれないし、あるいはただ、現在《いま》の暮らしに比べればまだマシだった、という程度の意味合いしかなかったのかもしれない。しかし少なくともハガキを受け取る私の方は、そのどちらの思いも共有していなかった。農道を自転車で往復するくらいしか力のなかったあの頃に、引き戻されるわけにはいかなかった。

そういったいくつかの疑問やわだかまりとは別に、やはり、というか、それでも、私はミヅキに会いたかった。話したい気持ちも強かった。けれどいざ会ってみたところで、ミヅキは何を話せばいいのかが最もわからない相手でもあった。

そもそも私たちは、何語で話せば良かったのだろう？

九月二十五日　ゴンマル・ラ（峠）

フライシートのジッパーを開けると、夜の間に舞い降りた粉雪が、ナイロン地のシートの表面をカサカサと滑り落ちてきた。朝日が草地を照らすまでにはまだ少し時間が必要だったが、明るくなった外の気温はすでに上昇し始めていた。たじろぐほどの寒さではない。日中の気温上昇とトレッキング中の発汗に備え、タイツと厚手のインナーを脱いだ。

キリリと引き締まった空気の中で、テントの撤収に取りかかる。草を食みに行くのだろうか、早起きをしたヤクたちが、もう南西の山に向かってゆっくりと歩き出していた。

ティーテントで朝食のポリッジをもらい、昨日の残りの炊き込みご飯をアルミの容器に詰めてもらった。東の山の尾根のあたりについに太陽が顔を出し、あたたかい光が伸びてくる。暑い一日になりそうだ。ダウンジャケットをザックに仕舞い、サングラスをかけて帽子をかぶった。

「レッツゴー」

北側に連なる山の斜面を私たちは一斉に登り始めた。私たち四人だけでなく、キャンプサイトに宿泊していた二〇人近いトレッカーが、次々と急坂を登っていく。ここからストック山脈を越えて、さらに山の北側にあるシャン・スムドの村までは、平面距離で一五キロ程あった。途中、標高五二六〇メートルのゴンマル・ラ（峠）を抜けるまでは、ひたすら登っていくしかない。

もちろん私は最初から、みみっちい歩幅で坂を歩いた。初っ端から堂々と白旗を上げて、みんなには先に行ってもらった。これでいいのだ。自分のペースを守ること、一歩一歩着実に前に向かっていくことだけに、すべての意識を集中させた。遅かろうと早かろうと、そんなことはどうでもいい。今ここでやるべきことは登り切るということだ。この峠を自力で越えない限り、レーの街には戻れない。この坂道を登るのは、自分自身の脚であって、他の誰の脚でもないのだ。

一つ目の坂を登ったところで、急に雲行きが怪しくなった。雪雲がみるみる張り出してきて、粉雪の混じった冷たい風が煽り立てるように吹きつけてきた。むき出しになった両耳が、横なぐりの雪にこすり上げられヒリヒリと痛む。しばらくは我慢して歩いていたが、耐えかねていったん荷物を下ろした。サングラスと帽子をザックに片づけ、代わりにニット帽で両耳を覆った。ちょっと動きを止めている間に、体から熱が奪われていく。急いでザックを背負い直し、足踏み歩行を再開した。

平らな道がしばらく続いた。その間にさっきの雲が去り、風も雪もピタリと止まった。急に日差しが照りつけてきて、首筋がにわかに汗ばんできた。前方に待ち受ける次なる斜面を、ハビエールとおじさんが登り始めた。二人に続くティフニは、さっきから脚を引きずっているように見える。潰したマメが痛いのだろうか。バンドエイドを届けたいが、悲しいかな、彼女に追いつくことができない。人の心配をしていると、また雪雲がやってきて、細かい氷の結晶が頬にペシペシ打ちつけてきた。ニット帽に滲んだ汗があっという間に冷えていく。めまぐるしく変わる山の天気に、今日は翻弄されっぱなしだ。ザックのベルトを締め直し、体にきつく密着させた。ストックをしっかり握り直して、二つ目の斜面を登り始めた。

五〇〇〇メートルを越えたあたりで、荷物の重さが苦痛になった。両方の肩が圧迫されて、鈍い痛みが慢性化している。肩ひもをゆるめたかった。ザックを下ろして休みたかった。筋力の弱い上半身を足腰の力でカバーしたいが、昨日の疲れが残っているのか足にも力が伝わらない。小さな一歩を踏み出すごとに、背中にかかった重量が下半身にずしりと下りてきて、太ももの裏がつっぱった。前傾姿勢で足を踏んばる。ほんの少しでも気を抜けば、そのままバランスを失って背中から崩れ落ちていきそうだった。ストックを地面に突き刺したまま、肩で大きく息をした。荷物の重量を減らしたい……。テントもカメラも三脚も、欲しいという人が現れたなら、今なら喜んで差し出すだろう。もちろんタダで。ペットボトルに残されたたった五〇〇ミリリットルの水さえも、捨ててしまいたい衝動にかられる。

下の方から山肌に沿って、雪まじりの風が吹き上げてきた。ナイロン製の手袋の中で両手がいよいよかじかんできた。小指の感覚がなくなった。薬指も怪しくなった。峠までのジグザグ道は、てっぺんに近づくほど傾斜がきつくなる。残りあと一五〇メートルもないだろう。両手がダメになる前に早く峠を越えたいが、体が芯まで冷えてしまって思うように動かない。防寒着をザックから取り出したいが、荷物を下ろして背負い直すと、それだけでエネルギーを消耗する。そんなくらいなら、もうあと少し我慢して歩き通すべきだろう。ハビエールから一時間、ティフニからも三〇分は遅れただろうか。腕時計を見る余裕もないが、彼らの姿はとっくの昔に私の視界から消えていた。待たずに行ってくれたおかげで、昨日よりも気は楽だった。私の後ろに残っているのは、カナダ人の女性四人と引率のガイドの男性だけで、あとは全員が峠を越えた。

残り五〇メートルを切ったところで、限界を感じてベルトをゆるめた。荷物を斜面にドサッと下ろし、ダウンジャケットを急いで取り出す。それから、ハンさんとキムさんに分けてもらったうすむらさき色の錠剤を祈る気持ちで飲み下した。ザックの肩ひもに手をかける。「またこれを背負うのですか」と、上腕筋が泣き言を言う。肩ひもを右手でつかんだまま、目を閉じてゆっくりと一〇秒数えた。息を大きく吸い込み、それを少しずつ吐き出した。うっ血していた両肩が、わずかに活力を取り戻した気がした。

見上げる峠には、石を積み上げて作った石塔が見える。その周りに何重にも巻き付けられたタルチョが、強い風に煽られて大きくしなり、はためいている。周囲には一つの人影もない。記念撮影をさっさと終えて、みんな下山していったのだろう。これだけ天候が悪くなると、峠にも長くは留まれない。

あと三〇メートルというところで、思い切ってスピードを上げてみた。もうあと少しでゴールだと思うと、そうしないではいられなかった。どんなに苦しくなってもいい、峠にたどり着きさえすれば、荷物を下ろして休めるのだから。しかし一〇歩も行かないところで、慌てて足を止めた。その場に固まり、両目を見開く。息ができなくなったのだ。吸い込んでも、吸い込んでも、酸素が肺の奥に届かず、焦りで冷や汗が吹き出してきた。あるいは、激しく息を吸いすぎたせいで、過呼吸になっている可能性もあった。どっちなのかはわからないが、とにかく苦しく、それ以上に怖い。水に溺れてしまった人がパニックで呼吸困難に陥ったときは、こんな感じがするのかもしれなかった。落ち着け、と自分に言い聞かす。たかが標高五〇〇〇メートルで酸欠になったりするはずがない。だから安心して息を吸い込み、それをゆったり吐き出せ、と。

ようやく呼吸が落ち着いてくると、次はなんだかしらないけれど無性に笑いたい衝動にかられた。誰にも見られていないことを確認してから、気のすむまで一人でフッフッ笑った。それから気を取り直し、今度はもっと歩幅をせばめて足踏み歩行を再開した。ラスト五メートルも、最後の一メートルも、ずっと変わらない低速で歩いた。そのまま足を止めることなく、誰もいないゴールを抜けた。ゴンマル・ラ(峠)、五二六〇メートル。相変わらず視界は悪く、思ったよりあっけない幕切れだった。

寒さのあまり感慨に浸る余裕もないまま、吹き上げてくる風から逃げるように石塔の裏側へと急いだ。すると、石の壁に身を隠す三人の姿が目に飛び込んできた。じっと身を寄せ合いながら、私を見上げている。

「……」

「ええ～、待っててくれたの？」

「もちろん」

「だって……、さっ、寒かったでしょ。先に行ってくれたと思ってたのに」

「ちっとも寒くなんかないさ」

三人は震えながらそう言うと、とびきり無邪気な笑みを浮かべた。

「それよりさ、到達おめでとう！」

三人からのあたたかい祝福を受けて、「ありがとう」と返すのが精いっぱいだった。私たちはシャン・スムドの村に向かって、駆け足で山を下っていった。

九月二十六日　レー

九日ぶりにレーに戻った。パルーゲストハウスに続く坂道を、のらりくらりと登っていく。道の両わきにずらりと並んだ商店は、九割がシャッターを下ろしていた。飲食店のドアは閉じられ、屋上の椅子やテーブルも大方が撤収されている。ラダックの短い旅行シーズンが終わったのだ。人影の消えた軒下《のきした》で、冬毛を蓄え始めたチベタンマスチフが、身を寄せ合って昼寝をしていた。だれかれ構わずハイファイブした賑やかだった夏が去り、気心の知れた者だけで、ひっそりと過ごす季節がやってきた。

ゲートを開けて花壇のわきを歩いていくと、玄関先にいたアンティが立ち上がり手を振っているのが見えた。カルーは今日も、草の上に寝転がったままだ。薄目を開けているのは、一応「おかえり」のつもりなのだろう。よく日に焼けたアンティの笑顔が、心をほっこり和ませる。

「おかえり！　どう、大丈夫だったの？」

アンティの足元にドサッと尻もちをつき、肩ひもを外しながら「ただいま」と言った。

「最高に楽しかった。でも、めちゃくちゃ疲れたよ」

「ミルクティ？　ミントティ？」

「ミントティ」と言って靴ひもをゆるめた。「それで、部屋は空いてるの？」と、とってつけたように訊いたときにはもう、アンティは私のザックを抱えて家の中へと歩き出していた。

この宿に残っているのも、もう自分一人だけらしい。アンティに続いて中に入った。玄関わきのソファの上に、頼んであった洗濯ものが、きれいにたたんで積まれてあった。

九日ぶりにシャワーを浴びて、清潔なシャツに袖を通した。摘みとられたばかりのフレッシュミントが、贅沢にグラスを満たしている。たっぷりの砂糖をかき混ぜながら、立ちのぼる香りを吸い込んだ。ベッドに足を放り出し、お茶と一緒に出してもらったビスケットの端を少しかじった。ひとり旅と言いながら、全然ひとりでなんかないことを、ひと口、ひと口、かみしめながら。

それからカメラを取り出して、撮り貯めた写真を順に見ていった。予想外によく撮れていたのは、ラダック人の家族とキャンプをしたチュルンで撮った数枚だった。水平に伸びる稜線の上に、霧吹きで吹き付けた跡のような細かい光源が漂っている。まるでそよ風に揺れ惑う白いミストのようだった。ただ、その二日後にニマリンで迎えた新月の夜の写真を見ると、少し複雑な気持ちになった。もちろんいい星空だ。決して悪い星空ではないけれど……。

「ニマリンで最高の星が見られなかったら、どうするんだ?」

チュルンで過ごしたあの夜、検察官の彼はそう言って、ニマリンに過大な期待を寄せる私をからかった。いや、からかったと言うよりは、心配してくれていたのだろう。もちろん私は、そういう可能性があることについて考えていなかったわけではなかった。相手が自然である以上、思い通りにならないことも当然あると思っていたし、そうなってもがっかりしないでいるための心の準備も少しはしていた。だから彼には、心構えを示す例えとして、僧院で修行をしていた頃の姉の身に起きた出来事を話した。

数年の下積みを終えて、ようやく希望する僧院で仏画の勉強を始めた姉は、あるとき先生（僧侶）から、初めての絵を描くことを許された。たった一枚の絵とは言え、仏画を完成させるのは実に根気と時間を要する作業で、木枠の用意からキャンバス布の裁断、生地をぬい付け、下地を塗って石でこすり、ようやく下絵の模写が始まり、そこから、気の遠くなるような細かい色着けの期間まで入れると、数ヶ月、長い時には数年を要する。僧院を訪ねてきた私に、姉はそのときの体験を語った。

「やっと絵を描かせてもらえることになって、嬉しくてさ。今となってはどうでもいいぐらい下手な絵でも、あの頃はあの頃なりに、いいものを描きたいという思いで必死やったから」

しかし、半年がかりで描いた仏画は、あと少しで完成するというときにアクシデントに見舞われた。僧院で一緒に絵を描いていた脚の不自由な女の子が、突然バランスを崩し、姉の絵の上に倒れてきたのだ。

「ビリィーって、絵がまっぷたつに裂けちゃってさ。ショックやったよ。自分にとっては初めての絵やったし、何ヶ月もかかって描いてきてさ、完成するの本当に楽しみにしてたから。それで先生に相談したら、ここまで見事にやぶれてしまうと直しようがないけど、でもいい経験をしましたね、って。これが絵を描くということです、って言わはって」

だから、ニマリンの夜空に千切れ雲が流れてきたとき、私はあのまっぷたつに裂けた仏画のことを思い出し、「これが星を追うということです」と、自分を納得させようとした。新月の夜は一度しかなく、そのチャンスを逃した悔しさはあったが、やれるだけのことはやった。新月の夜に向かって歩いたこと、完璧でなかった結末も含めて、マルカで星を追いかけたことを肯定的に受け入れて、なんとかその一連の行為を前向きに結論づけようとした。少なくともチュルンでは良い写真が撮れたのだし、この旅のミッションは達成できたではないかと。けれど星追いを終えて街に戻ると、何か全然、そういうことではないように思えてきた。なぜなら、姉の仏画の話にはまだまだ続きがあったから。

姉が描く仏画は、素人の目を通して見る限り技術的には上手かった。他の生徒たちが描いたものより、あるいは先生が描いた絵よりも、ぱっと見ではきれいだったし、上手く描けていると感じた。独創性を必要としない、ただ極端に細かい仏の姿を描き写すだけという単純さ、仏画ならではの特性が、たまたま合っていたのだろう。曲線の滑らかさ、細部の正確さ、それに色着けの繊細さという点で、姉が描くものは頭ひとつ抜けていた。ただし、宗教画を描くという世界において、「上手さ」は、絵の価値を決める基準ではないのだと姉は言った。大事なのは、仏教徒としての描き手の地位、つまり、どれだけ修行を重ね、仏教の知識を蓄え、徳を積んできたかであって、絵の美しさではないのだ、と。

「だから大抵の場合、年配の僧侶が描いた絵の方が、ずっと価値は高いよ。もうおじいちゃんやから、老眼で目もよく見えないし、筆を持つ手も震えちゃって、あっちこっちはみ出して、結構ぐちゃぐちゃになってたりするんやけど、でも信者さんがお金を払うのは、そっちの絵なんよ。だから私の絵なんか、まだ全然なんの価値もない」

姉はそう言うと、取り出した小さな消しゴムで描きかけの自分の絵をいきなりこすり始めた。

「えっ、何してんの！」

悲鳴を上げて腕をつかんだ私に、姉が手を止めて淡々と言った。

「下書きとズレてきてしまったから、ちょっとだけお直しするわ」

「ちょっと待って、それ直さん方がいいよ。いじらん方がいい。せっかくここまできたのに、こすったら完璧な絵が汚れてしまう」

すると姉が「えっ？」と声を上げ、こちらを振り向いた。

「全然そんなことないよ。あっちこっち間違えてるよ。ほら、ここ
とか」

言われた箇所に目を凝らすと、虫眼鏡がなければわからない程度ではあるが、確かに色を着け直した跡があった。さらに姉は、こんなことまで言い出した。そもそも、仏画を描く目的は、完璧な一枚の絵を描くことにはない、と。

「新しい作品に取りかかるときは誰だってさ、今度こそは、この一枚こそは完璧に仕上げたいって、気合い入れて描き始めるんやけど、でも何ヶ月とか、それこそ何年もかけて描いていくと、どうしても途中でミスをしてしまう。下書き通りにいかなかったり、色着けのときにはみ出してしまったり。あーっやってしまったって、すごいがっかりするし、ここまでノーミスできてたのにって、悔しくなるんやけど、そのときに何を一番に思うかというと、また一から新しい絵を描きたくなるわけ。完璧に描けなかった絵なんか途中でやぶり捨てて、次こそはっ！　て、また一からやり直したくなるの。でもそうやってるうちは、いつまでたっても、一枚の絵も完成させられないのよね。だから仏画を描くってことは、完璧な一枚を描くことじゃなくて、完璧じゃなくても最後まで描き通すことですって、先生からは教えられてる。まあ、うちらにとっては絵を描くことも、単なる修行の一環でしかないから」

カメラのスイッチを切り、月齢カレンダーを取り出してベッドの上に広げた。新月のことで頭がいっぱいですっかり忘れてしまっていたが、今日も、明日も、あさっても、旅は続いているのだった。カレンダーに描いた月相を見つめた。これから月はどんどん太く、そして夜空は、どんどん明るくなっていく。星を見る条件は、確実に悪くなっていく。それでもレーを去るまでには、まだ一週間の時間が残されていて、その時間の使い方次第では、今回の旅の意味はまったく異なったものになるような気がした。

「星を追う」ということは、ニマリンで逃した完璧な星空への執着を捨てるということではない。いろいろあったマルカでの旅を、ただ前向きに結論づけるということでもない。「星を追う」ということは、どんな状況であっても最後まで、星を追い続ける、ということではないのかと。

星追いの旅はまだ終わっていない。山でも谷でも湖でもいい、もう一度ザックに機材を詰めて、人里離れた奥地に向かって歩き出さなくてはいけないのだ。深まっていく闇を目指して星を追いかけるより、白けていく夜空に星を探し続ける方が、本当はずっと難しいのだから。

少し仮眠を取ってから、日が暮れる前に外へ出た。静まり返った坂道を、繁華街の方へと下っていく。三週間前にはあれほど賑わっていた旅行代理店も、店を開けているのはもう数軒だけになっていた。たとえドアが開いていても、中に人がいなかったり、電気が消えている店もあった。軒先に掛けられた掲示板も、もう真っ白に消されてしまっているか、出発日をとっくに過ぎた各種ツアーの案内が消し忘れて残っているだけだった。一軒、一軒、まだ明かりの点いている店を回り、掲示板の日付に目を凝らす。九月二十日出発のパンゴン・ツォ、九月二十四日出発のマナリ行きのカーシェア……。どこもかしこも、まともに営業しているとは思えない。しかし、しばらく歩き回ったあと、私は一軒の店の前で足を止めた。掲示板にひとつだけ残された、最後の書き込みに視線が止まる。九月二十七日出発、ストック・カンリ山。二十七日ということは……、明日だ！　私はあと先も考えず、とっさに店に駆け込んだ。

「明日の出発は間に合わないな、でもちょっと待て」と店員は言って、携帯電話を耳に当てた。

ストック・カンリ山へ行こうとしているのは、ラダックの学校で仕事をしているドイツ人の男性で、冬前に街を去るまでに、記念に登っておきたいということだった。しかし一人でガイドを雇うと高くついてしまうので、毎日募集案内を出して、他の参加者が手を挙げるのを気長に待っているらしい。彼だってまさか明日の朝出発しようなどとは思っていないだろう。

店の棚には、登山用の太いロープやスキー靴のようなもの、氷に突き刺すツルハシのような道具まで、本格的な登山道具が並んでいた。チラシには、重装備で山に挑むクライマーの写真があり、ごつくさいヘルメットをかぶっている人までいた。そんなものを見ていると、ストック・カンリ山に登ると言っていたハンさんやキムさんの分厚い胸板が、より厚みを増して脳裏に湧き上がってきた。店の中を見まわしていると、だんだんと居心地が悪くなった。勢いで駆け込んではみたものの、ここは一介の旅人などが座っているべき場所ではないように思えてきたのだ。そもそも、高い山に行ったからといって、それだけで素晴らしい星が見られる保証など、どこにもない。自分はいったい、何をしようとしているのだろう。

留守番電話につながったのか、彼は「登山希望者が一人見つかった。至急折り返してくれ」と伝言を残して電話を切った。

「あの……」と私は言った。「今思い出したのですが、私は登山をやったことがないのでした。いくらなんでも、無理ですよね？」

うまい理由をつけて潔く断って欲しいという私の期待とは裏腹に、彼は「大丈夫だ」と、根拠もなく太鼓判を押した。

「なぜなら君は背が高い！　ボクは小さいけれど」

彼は、はっはっはっ、と笑い、大きなデスクの向こうに埋もれつつ、照れくさそうに頭を掻いた。ますます不安だ。私は背中を丸め、ちぢこまるように座り直した。彼は構うことなく山のイラストを取り出すと、早速、登山行程を説明し始めた。

「朝九時に標高三六五〇メートルのストック村を出発して、その日のうちに四九〇〇メートルの第三ベースキャンプまで登る。そこで数時間の仮眠をとって、深夜一時ごろから再び登り始める。順調にいけば、ちょうど朝日が昇る八時ごろには六一五三メートルの山頂に着くはずだ。頂上からの眺めは素晴らしい。後悔はさせないよ。飯もテントもこっちで用意するから、君は何も心配せずにガイドについて登ればいい。簡単な山だ。天気さえよければ登れるよ」

「ほぉ」と私は息をついた。六〇〇〇メートル超の山とはいえ、実質的な負担は恐れるほどのものでもなさそうだ。スタート地点の標高がすでに三六五〇メートルあるということは、自分の足で登るのは二五〇三メートル分で済む。しかもマルカ渓谷のときとは違って、重い荷物を持つ必要もないし、道に迷う心配もない。これならば足を動かすことと星を探すことだけに集中できそうだ。さらに、この山行において最もそそる条件は、ベースキャンプの立地にあった。それはとてつもなく魅力的な特典のように思えた。私は小躍りする胸の内を彼に見透かされないように「それで」と、努めて冷静に続けた。「この、テント泊ですけれど、つまり四九〇〇メートルでキャンプをするってことですよね？」

「ああ、でも心配するな。寝袋もちゃんとあるから」

心配なんてしていなかった。彼の背があと数十センチ高かったら、椅子の上に飛び上がってガッツポーズを決めたいくらいだった。なんたってニマリンよりも高い四九〇〇メートルの地点で星を見るチャンスが巡ってきたのだから。ただし契約書にサインをするまでは、冷静に交渉を進めなければいけない。私は椅子に尻をつけて身を屈めたまま、「登山用具を持っていないのですが、どうすればいいでしょうか」と訊ねた。

「大丈夫だ。全部こっちで用意するから。クランポンは持ってるか？」

私は首を振った。

「ピッケルは？」

また首を振った。

「レインコートは？」

「あっ、持ってます」

「やるじゃないか！　ならば何も心配いらないよ」

「はい」

「あとは靴と手袋だな。その靴だと、う〜ん、雪が浸みてくるだろうから、よしわかった、靴はこっちで用意しよう。サイズはいくつだ？」

私は自分のサイズを教えた。彼は他のスタッフと相談し、私に合うサイズがないことを確認すると、「その靴で大丈夫だ」と言い直した。

「えっ?」

「よし、代わりにゲートルを用意しよう。そうすればその靴でも行けるから」

靴に雪が浸みてくることと、兵隊さんが脛《すね》に巻く布との間にどのような補完関係があるのかは知らなかったが、彼の勢いに気圧《けお》されて、訊き返すことができなかった。携帯電話が鳴った。ドイツ人の男性からだ。出発は九月三十日、登頂目標は十月一日の朝八時と決まった。月が半分になる直前に、私は最後の星追いに行く。

第6章　星たちが去ったあとには

ベースキャンプ／ストック・カンリ

九月三十日　ベースキャンプ

アパートのベランダから、中学校の校庭が見えている。校舎わきでストレッチをしているのは陸上部の部員たちで、その隣でドリブルの練習をしているサッカー部員の姿も見える。さっきからブラスバンド部が、同じ旋律を何度も繰り返している。このアパートに移り住んでからずっと、もう何年も耳にしてきたメロディーだ。九月末の日本は、まだむっとする暑さが残っている。ヒマラヤは今日もきっと、カラッと乾いて涼しいのだろう。

どうしてここにいるのだろう。なぜ山に登らなかったのか。ガイドも手配してもらったのに、ぜんぶ白紙に戻してしまった。キャンセル料まで支払って、帰国日までわざわざ前倒して帰ってきた。どうしてまたここに、よりによってまたここに、戻ってきてしまったのだろう。キーボードを打つ手を止めて、パソコンから顔を上げる。目の前のベランダから、強い西日が差し込んでいる。野球部のかけ声に交じって、テニス部が乱打する音が聞こえる。パコーン、パコーンと、打つたびに軽快な音が響く。

今すぐチケットを取り直せば、まだ山行に間に合うかもしれない。いや、もう無理だ。デリーまでは行けても、その先の乗り物が見つからない。ベランダの先を呆然と眺める。

それにしても暑い。それなのに、どうしてセーターを着たままなのだろう。涼しいラダックに戻りたい。急げばまだ、間に合うかもしれない。早く準備をしなければ。強い焦りがこみ上げてくる。どうしてこんなことになってしまったのか。なぜ諦めてしまったのか。なぜ自分の気持ちに素直になれなかったのか。

山に登りたかった。レーの坂を下るとき、いつも眼の前にはあの山があった。毎日、毎日、あの山が見えた。山脈の中でひときわ高くそびえ立つ、あの雪山が見えていた。ハンさんとキムさんに誘ってもらったときから、ずっと気になっていた山だった。たくさんの他の旅人たちから、せっかくだから挑戦すべきと勧められたあの山。あなたなら登れるかもしれないと、あのソルまでが励ましてくれていたのに。本当なら今ごろは、山に挑んでいたはずだった。本当なら今夜は、ベースキャンプで星を見ていたはずだった。激しい後悔がこみ上げてきてうろたえる。夢であって欲しいと願う。目が覚めたときには、すべてが元に戻っていてくれたらと思う。さっきから息が苦しい。それにしても日本は暑い。セーターを脱ぎ捨てたい。強い焦りと後悔で、目が回って息ができない。苦しい。すごく苦しくて暑い。

目を開けたとき、部屋の中はまだ真っ暗だった。枕元に手を伸ばし、スマートフォンを確認した。まだ五時にもなっていなかった。

汗ばんだ体から、分厚い寝袋をはぎ取った。夜間の冷え込みは、寝袋を使うほどのものではなかったようだ。ベッドを下りると、体がみるみる冷えていく。部屋の明かりを点けてベッドに戻り、フリースを羽織ってから両足を寝袋に突っ込んだ。迎えが来る八時までまだ三時間もあるが、もうこれ以上は眠れそうになかった。ベッドの背に体をもたせかけ、夜が明けるのをじっと待つ。

久しぶりに鮮明な夢を見た。ベランダの向こうを見ている場面が夢に出てきたのは初めてだった。見慣れた日常のひとコマの中に忘れかけていた感覚が蘇り、それはさざ波のように広がって胸の奥を震わせた。

アパートの机の前に座って原稿を書いているときに、ふとベランダの先に目をやると、いつもミヅキのことを思った。同じように机に向かい、ひたすら英文を訳し続けるミヅキの姿が思い浮かんだ。昔のように辞書を開いて、黙々と作業するミヅキの姿だ。ミヅキは英語を使って翻訳家になり、私は日本語を使ってライターになった。私たちはどちらも依頼を受けて、自宅にこもって仕事をやった。ミヅキの前には英文があり、私の前には原稿があった。作業の合間にふと顔を上げてベランダの向こうを眺めると、決まってミヅキが思い出された。ミヅキも同じように顔を上げて、窓から外を見ている気がした。

ブルーのカーテンの向こう側が、次第に明るくなってきた。夢でよかった。私はまだ、ここにいる。蒸し暑い日本にではなく、涼しく乾いたラダックにいる。アパートの机の前にではなく、宿のベッドの上にいる。山も、星も、そこにある。すべてはまだ、そこにある。九九パーセントの快晴が約束された九月最後の美しい日に、パルーゲストハウスのお気に入りの八号室で目覚めることができた。カーテンの端から、淡い光が漏れてくる。今日はいよいよ、ストック・カンリ山に登るのだ。ベースキャンプで星を見るのだ。

支度を終えて迎えの車に乗り込んでいくと、前の座席のドイツ人がこちらを振り返って、やあ、と言った。

「僕はヨヘン。登山パートナーが見つかって嬉しいよ」

私はまじまじと彼を見た。身長一九〇センチ超。筋骨隆々の大男は口も滑らかで、見たところ自信に満ちあふれていた。……期待はずれだ。

できることなら登山パートナーは、ほどほどに軟弱なところがある普通の人がいいと思っていた。あまりにも強靭《きょうじん》な人と登ると、お互いの登山ペースが合わず、相手には迷惑がかかってしまうし、私にはそれがプレッシャーとなる。無理にペースを上げたりすれば、必要以上に疲れが溜まって途中でバテてしまうだろう。彼は確か、小学校で働く先生で、山に行くことになったのは、せっかく北インドに来たついでにという、記念程度のものだったはずだ。この山を目指して世界各地から乗り込んでくるトレッカーたちとは、目的も心構えも違うはずで、私は中肉中背の文化系の男性を想像していた。ちょっと運動不足気味の男の子と、互いに励まし、慰め合いながら、いい加減に登ろうと思っていたのだ。

私は、今回が初めての登山であること、ゆえに、とてつもなくスローペースでしか歩けないことを、恥を捨てて宣言し、登る前から謝罪した。

「大丈夫さ」と、彼は明るく言い切った。「僕とガイドで君を助けるよ。僕は運動神経こそよくないけれど、体力にはけっこう自信がある。登山やマラソンなんかは、昔から得意だった。それにレーに来てからも、学校とストューパ（仏塔）との間を、毎日ジョギングして鍛えてきたからね」

ヨヘンは、何の慰めにもならない事実を、晴れやかな笑顔で話してくれた。

ストック村で車を降りて、ガイドの男性と合流した。彼は、ストック・カンリ山へ一〇八回の登頂歴を持つ中堅ガイドで、ヨヘンと同じく頑強な肉体をしていたが、ヨヘンとは対照的に寡黙だった。ザックに用具を詰め終えると、彼は山を見上げて言った。静かで落ち着きのある声だった。

「明日の朝、僕らはあの頂にいる。いいかい？」

私は軽く頷き、ベストを尽くします、とだけ言った。それから、ガイド、ヨヘンの後ろについて、山に向かって歩き始めた。

裾野の傾斜は緩やかだった。ヨヘンはガイドの真うしろについて、やや前のめりになって歩いた。靴のかかとを地面に着けないつま先歩きで登っているのは、よほど余裕があるのだろう。しかしガイドがいるおかげで、全体のペースは抑えられた。決して楽な速さではないが、大きく引き離されてしまうほどの絶望的なスピードでもない。遅れ気味ではあるものの、目の前の一歩に集中すれば、なんとかついていくことはできた。ヨヘンにはさぞかし、物足りなかったことだろう。しかしヨヘンは、これぱっかりは仕方のないことなのだと言った。その口調は、呆れている風でもなければ慰めている風でもなく、事実を淡々と述べているという感じだった。

「登山ペースは人それぞれだから、それを守って登るしかない。頑張って変えられるものではないし、変えるものでもない。君は君のペースでしか登れない。登山とはそういうものだよ」

第二ベースキャンプで遅い昼食をとり、今夜宿泊する予定の第三ベースキャンプを目指した。四九〇〇メートルのキャンプまで、残り五〇〇メートルのつもりで登っていたが、途中で一〇〇メートル短縮になった。上手から下ってきた別のガイドの話によれば、秋の深まりとともに気温が低下し、その影響でベースキャンプそのものが南下してきているらしい。

「小川の水が凍ってしまって炊事ができない。だから今、上に残っている管理人がベースキャンプを移設している」

昼食のあと一時間半ばかり登ったところで、小さなテントが見えてきた。周りには荷物が散乱していて、若い管理人がたった一人で荷ほどきの作業に追われていた。登ってきた私たちを見つけると、彼は爽やかな笑顔で歓迎し、片づけを後回しにしてチャイの準備にとりかかってくれた。それが彼の仕事とはいえ、ここまで登ってきたことを喜んでくれる人がいることが、こんなにも嬉しいものだとは思わなかった。

「ここでちょっと休んでいろ」

ガイドに声をかけられて、私は外にあったマットの上にゆるゆると尻を下ろした。いったん気持ちをゆるめてしまうと、もうしばらくは立ち上がれそうもないばかりか、冗談を言う気力さえ湧いてこなかった。そのままマットに仰向けになり、両目を閉じて考えた。あと一〇〇メートル登るはずだったのかと思うとゾッとした。ただ、明日のことを思うと、多少苦しくても今日のうちにできる限りの距離を稼いで、明日登る分の負担を減らしておきたかったのも事実だ。山頂まで残り一三五〇メートル。深夜一時の出発までに身体の疲れが抜けなければ、明日はなかなか苦しみに満ちた我慢の一日となるだろう。うっすらと開いたまぶたの向こうに、ペグを地中に打ち付けるガイドの姿が見えていた。私とヨヘンが眠るテントを急ピッチで組み立ててくれているのだ。

陽が沈み、辺りの冷え込みが激しくなった。私たち三人はテントの中で身を寄せ合って、二杯目の熱いチャイをすすった。コンロに乗った圧力鍋がひと通り蒸気を吹き出し終えると、夕飯の時間がやってきた。ガイドが皿に白米を盛り、その上からダル（レンズ豆の煮込み）をたっぷりとかけた。こんな何もない山中で温かいダル飯が食べられるなんて、それだけでも気持ちは盛り上がった。もしもこれが、ぺしゃんこになったコンビニの菓子パンだったとしたら、冷たく潰れた焼きそばパンだったりしたら、どれほどがっかりしただろう。

「いっぱい食べろ。そうすれば俺たちみたいに強い人間になれるから」

彼らはどちらも大食いで、細かいことを気にしなかった。私はダル飯をおかわりし、満腹になるまでしっかりと食べた。

ガイドは、今日の私たちのペースを元に登山時間を割り出した。八時の登頂を目標に、出発時間を逆算していく。

「起床は一時だ。それからたっぷり朝メシを食べて、一時半過ぎにはベースキャンプを出発する。いいかい？」

キャンプ用のテントに戻り、カメラを持って外に出た。風はなく、雲もない。しかし今日の夜空には、ぽっかりと月が浮かんでいた。新月の夜から七日が経って、あと二日で上弦を迎える月は、思った以上に煌々と輝き、おとなしい星たちを完全に黙らせてしまっている。

ミヅキが亡くなった月の半ばに、私は都内で開かれた高校のOB会に出かけた。OB会とは言っても、顔見知りの数人で集まってただ食事をするだけのカジュアルな会だった。その数日前に一人欠員が出て他を当たることになったとき、誰よりもまずミヅキのことを考えた。すぐに携帯を手にとって番号を探し出してから、少し迷って携帯を戻した。こんな直前に誘っても、ミヅキはきっと来ないだろう。ミヅキが顔を赤くして、つらそうに笑う場面が浮かんだ。みんなに紹介する前に一度は二人で会っておきたい。でもそんな時間は残されていないし、それに私は……、と思った途端に急にみぞおちのあたりが締めつけられた。私はあの小説を、まだ、書き始めてもいない。

翌日の午後まで考えて、結局、母校とは何の関係もない別の友人にメールを打った。そして会の当日は、他の忘年会に行くのと同じ三〇分早い電車に乗った。師走《しわす》は人身事故が多発して、いつもダイヤが乱れるからだ。その飲み会の二日後は、ミヅキの三四回目の誕生日だった。そのときミヅキがどこにいたのか、その目に何が映っていたのか、あるいは生きてその日を迎えたのかもわからない。
忘年会がひと通り終わると、私は飛行機に飛び乗って、カリブ海の小島へ逃げた。新しい一年を、この国で迎えずに済むように。

平らな場所に三脚を立てて、月が出ている方角とは逆の北側の空にレンズを向けた。しかし撮影するまでもなく、おおよその結果は予想できた。どんなに高く登っても、山の奥深くに分け入っても、月が出ていてはダメなのだ。

ご両親から知らせを受けたのは、ミヅキが世を去ってひと月以上が経ったときだった。同じように知らせを受けていたサトコからも、すぐにメールで連絡がきた。生前のミヅキのことを訊かれ、そのうち会おうと思いながら結局会えずじまいになった、と返した。八月の終わりに送ったメールがミヅキとの最後のやり取りになった。ミヅキは何も語らずに、私たちの前から姿を消した。
空港で「お知らせ」のメールを見たあと、高速道路をバスで走った。悲しみにせよ、衝撃にせよ、ミヅキが亡くなったことに対する分類可能な感情は一つも湧いてこなかった。心は冷たく固まったままで、頭の中はふわふわしていた。とくに動揺することもなく、窓の外の夜景を見ていた。バスの中にいた二時間のうちに、思いついたことは一つしかなかった。

それは私が受け取ったミヅキの死を知らせるメールであって、その逆ではなかったのだ、と。

そのことに驚いたわけでも、安心したわけでもなかった。私は妙に落ち着き払って、逆の展開について考えた。ミヅキが携帯電話を開いて、私の死を知らされる場面だ。それは決してトラジックな想像ではなく、むしろ馴染みのある場面のような感覚さえあった。もうこれ以上、偽る必要はなかった。私は何年も前から、そのふた通りの展開を、つまりはミヅキの死を知らされる自分自身と、自分の死を知らされるミヅキのことを、一対《いっつい》の必然のようにして意識の中に持ち続けていた。どちらが先になるのかまでは、全然考えていなかったけれど。

携帯電話で「お知らせ」を読むミヅキの姿がリアルに浮かんだ。けれどミヅキの表情までは、想像の中ではわからなかった。私の死を知らされて、ミヅキは何を思っただろう？　それは青天の霹靂《へきれき》だっただろうか。まさか自分より先に？　と絶句しただろうか。それとも案外淡々と「あんなに元気そうにしていたのに」とか「人の心の中まではわからないものね」といった類いの、よくあるような表現でさっと片づけてしまっただろうか。

空港から自宅に帰り着いたあと、旅から持ち帰った汚れた衣類を洗濯機に放り込み、溜まっていたメールに返事を書いた。空っぽだった冷蔵庫に、旅に出る前と同じ量の十分な食料を詰め込んだ。翌日は都内で打ち合わせをして、それから夜の会食に出かけた。慌ただしい日常を取り戻そうとした。目の前の雑事に追われるよう仕向けた。スケジュール帳の空欄を必要もない予定でいっぱいにした。――ベランダの向こうの景色なんて見ている暇もなくなるくらいに。

九時前になっても月の輝きは衰えを知らず、ここで撮影を打ち切った。カメラレンズにキャップを付けて、キャンプ用テントに引き揚げた。もちろん本意ではなかったけれど、月が出ていてはどうしようもない。深夜の起床まであと四時間。寝袋の中で目を閉じた。

十月一日　ストック・カンリ

深夜一時きっかりに、ヨヘンの仕掛けたアラームが鳴った。持ってきた防寒着をすべて身につけ、ライトを点けてテントから出た。三〇メートルばかり先にあるキッチンテントの隙間から、かすかな明かりが漏れていた。ガイドが朝食を作ってくれているのだ。私は明かりの方に向かってゆっくりと数メートル進み、そこでふわりと足を止めた。ヘッドライトのスイッチを切り、夜空をそっと見上げた。

月が、完全に消えていた。代わって何百、何千もの星が、一斉に顔を出している。

ラダックで星を追い始めてから二四日が経過した。山に入り、谷を歩き、高度を上げたり下げたりしながら、四八〇〇メートルの地点まで来た。そして今夜、このラストチャンスに、雲も、風も、月もない、完全な星空が頭上に上がった。鳥肌が立ち、体が震えた。口に溜まった唾を飲み込み、忘れていた息を吸い込んだ。これから夜が明けるまで、私たちはこの星空の下を頂に向かって登っていくのだ。

温かいポリッジを食べ、熱いチャイを飲み終えると、出発の準備に取りかかった。ガイドから雪用手袋とクランポンを受け取り、ゲートルの着け方を教えてもらった。これは一般にはスパッツと呼ばれる、ふくらはぎから足首を覆う防水カバーのことで、ズボンの裾から靴の中へ雪が浸入するのを防ぐものらしい。ところが、装着している途中で欠陥が見つかった。くつ底に渡しておくワイヤーの留め金が、壊れてしまっていたのだ。そろいもそろって、両足とも。ワイヤーを切ってしまわなければ、これでは危なっかしくて歩けない。「やっぱり脱ぎます」と私は言ったが、ガイドは逆の判断を下した。

「この先は冷え込む。だから着けていった方がいい」

彼は私の足元にしゃがみ、ワイヤーを靴ひもにくくり付けた。ほどけてこなければ何とかなるだろうと言われ、とりあえずはその言葉を信じて登ることにした。うすむらさき色のタブレットを飲み、水とカメラをザックに入れた。三脚はテントの中に残していくことにした。もうここから先は、星を撮っている暇などない。あとはひたすら登るだけだ。

ガイドが時間を確認し、ゆっくりと歩き始めた。一時四十五分。何も問題が起きなければ、私たちは六時間と一五分後にストック・カンリ山の頂に立っているはずだ。三つのヘッドライトが一列に並んで足元を照らし、山の斜面を進んでいった。ガイドは気を遣ってくれたのか、昨日よりもペースを落としてくれた。そのおかげで、ときどき顔を上げて星たちの姿を追うこともできた。

宇宙の形成から一三八億年、地球ができて四六億年、ゴキブリが出現して三億年、人類が生まれて七〇〇万年。祖母は九二年間、この惑星の一部を生きて、一人静かに土に還った。そして宇宙は今日もまた、再生と循環を繰り返している。今から一二〇万年か一億年くらい経ったとき、私たちが存在したことは、どのような意味を持つのだろう。

南西へ一〇〇メートルばかり登ってから、北西へ進路を変えると、山道が急に狭くなり傾斜も少しだけきつくなった。そうなると同じペースでも、私には速く感じられた。少し離されては追いつき、また離されて追いついた。一つ目の斜面を登り終えたところで、私はガイドを呼び止めた。必死になっているうちに、激しく発汗していたのだ。ニット帽の隙間から汗が滴り落ちてくる。

「汗だくです。ダウンジャケットを脱ぎたいので、少し待ってください」

「いや、このまま脱がずに行け。ここから先は寒くなる」

インナーが体に張り付いて不快だったが、ガイドがそう言っている以上、脱がずにこのまま行くしかない。こめかみの汗だけ簡単に拭い、またすぐに歩き始めた。しかしこのあと、どんな地形をどのように歩いたのかが思い出せない。インナーをびしょ濡れにした大量の汗が、いつの間にどこへ消えたのか、そのあたりの記憶もまったくない。気がついたときには、雪の斜面に沿ってできた細い小道を歩いていた。前を行く二つのヘッドライトが、先へ先へと進んでいく。急ぐべきだとは思うものの、その通りに体が動かない。そして一番厄介なのは、まぶたが落ちてくることだった。起きているような、寝ているような、ふわふわした状態が続いた。いつもなら寝ている時間である上に酸素量が少ないからか、眠くて力が入らないのだ。足元のほどけたワイヤーが、焦点の合わない視線の先で右へ左へ飛び跳ねていた。一応両目は開いているが、物が見えている感じはなく、頭もしっかり動いていない。ぼんやりしながら歩いていると、突然足がもつれて、雪の斜面を滑り落ちた。ほつれた片方のワイヤーを、もう片方の足で踏んづけてしまったらしい。もう一度くくり直さなければとは思うものの、どうにも眠たさが勝ってしまって、細かい作業をやる気が起きない。急いで小道にはい戻り、ずっと遠くに離れてしまった二つのライトを追いかける。ワイヤーを踏んづけないように慎重に、でも、できるだけ急ぎ足で……。

小道に沿って進んで行くと、ヨヘンが一人で待っていた。近くに雪の割れ目があって、ガイドの姿は見当たらなかった。ルートの確認にでも行ったのだろうか？　どういうことかはわからなかったが、これで少しは休めそうだ。ヨヘンに追いつくと真っ先に、「ワイヤーがほどけて歩けない」と、息も絶え絶えに言った。

「おお、それはよくない。何とかしよう」

荒い呼吸を繰り返すだけで何もできない私に代わって、ヨヘンがすぐに動いてくれた。彼は自分の手袋を外すと、伸びたワイヤーを靴ひもに巻き付け、かたく結び直してくれた。ありがたかったし、情けなかった。彼の人柄が心に沁みた。ヨヘンが作業をしている間に、私は呼吸をととのえて疲れた筋肉を休ませた。低地では何でもないような小さな動作の一つひとつが、ここでは倍の集中力とエネルギーを消耗させる。まだまだ先があることを思うと、この分のエネルギーを使わずに済むのはありがたかった。出会ったときには脅威と感じたヨヘンの余力と経験が、今となっては心強い。

ガイドはトイレから戻ってくると、「水を飲め」と私に言った。しかし、ペットボトルに入った水は、かなり凍結が進んでいた。細かい氷が詰まってしまって水の出が悪いだけでなく、やっと口に入ってくるのは氷の塊ばかりだった。口内に溜まった氷の粒を溶かしながら歩いていたが、途中まできて吐き出した。マイナス一五度の凍てつく深夜に、雪の上をザクザク歩きながら、いったい何が悲しくて氷なんか食べなきゃいけないのだろう。だいたい自分はこんなところで、何をやっているのだろう。こんな夜中に。こんなところで。それでミヅキは……。

ミヅキは、貯金を使い切ったのか?

顔を上げると、揺れるヘッドライトの先にヨヘンの背中がチラリと映った。彼の背中はどんどん先へ、闇の奥へと遠ざかっていく。

ミヅキが亡くなったあと、ことあるごとに考えたのが、ミヅキの貯金のことだった。友人の死に直面して涙も流せていないときに、故人の金について考えるなんて、どうかしているという気持ちはあった。とにかくうしろめたかった。けれど考えまいとすればするほど、考えずにはいられなくなった。そして考え出すと、いつも無性に悔しくなった。その悔しさは、ミヅキが亡くなってからこれまでの間に、唯一内心に認められた感情だったと言えるかもしれない。

「もし死ぬんだったら、せっかく貯めたお金だけは全部使い切ってからにしようと思う。やりたいことをやれるだけやって、最後の一円まできっちり使い切ろうって。ねえどう思う？　そういうの」

近しい友人にそう打ち明けると、彼女はその考えを、素晴らしい、と絶賛してくれた。

「そうそう。美味しいものとか食べまくって、行きたいところも行きまくってさ。そうこうしてるうちに、また生きようって気になるんじゃない？」

友人は明るくそう言ってから、そのためにも日頃からいっぱい貯金しておかないと、と付け足した。まったく彼女の言う通りだ。猶予期間は長い方がいい。ただ意外だったのは、いざ自由にお金を使おうとすると、何に使えばいいのかがイマイチわからないということだった。美味しい料理も美しい景色も、三日も続けば飽きてしまうし、いくら大好きな温泉にだってそんなに長くは浸かれない。

谷間を歩いているせいか辺りの闇が深すぎて、周囲の地形も目的地もまったく識別できないでいた。どれくらい登ったのかも、今どこにいるのかも、この先何が現れるのかもわからない。ヘッドライトが照らし出す足先一メートルの世界しか見えない。いやそれさえも、実際にはほとんど見えてはいない。強い睡魔は消えることなく私の視界を曇らせていた。唯一識別できるのは、前を行く二人の気配だけだ。その二人から引き離されないように、感覚を頼りに追いかける。ガイドがそこいる。ヨヘンもそこにいる。

踏みしめる雪の感触がいつの間にか硬くなり、氷の裂け目の前まで来るとガイドが注意を促した。どうやら私たちは今、標高五四〇〇メートル付近の氷河を横断しているらしい。氷の裂け目はクレバスだ。傾斜自体は緩やかで寒さもさほどは感じないが、両手と両足の先のあたりが感覚を失い始めている。

たぶんミヅキは、貯金を使い切らなかった。いや、それどころかまったく手をつけることなく消えてしまったのだという気がした。それを自由に使うこと、自分のために使うことに罪悪感を覚えそうな人、それがミヅキだったから。

氷河が終わると今度は、岩だらけの一帯を進んだ。デコボコした足元に手こずっていると、ガイドが振り返り、こちらに腕を伸ばして言った。

「ストックをこっちによこせ」

岩場ではただの荷物でしかない邪魔なストックを渡してしまうと、両手の動きが自由になって、さっきよりもバランスがとりやすくなった。それにしても私たちは今、どの辺りを登っているのだろう?

こんどいっしょにドバーってどっか行って、ドバーって遊んで、ドバーってお金使って、ドバーって笑いまくって、ドバーって遊んでこよーぜい！　いえーい

十五歳だったあの頃、ミヅキは確かにそう書いてきた。いつか使おう、きっとどこかに行けるはずだ、あの頃の私たちはそんな気分で生きていられた。けれどあれから一九年かけて、だんだんとわからなくなっていった。どこに行ったらいいのかも、何をしたらいいのかも、どうやったら笑いまくれるのかも、どんどんわからなくなってしまった。どこに行っても、何をやっても、どうやったってもう、どこにもたどり着けないじゃないかって。

がれきの一帯を抜けてしまうと、今度は急な上り坂になった。ガイドが振り返り、ストックをこちらに渡そうとしたが、私は首を振ってそれを拒否した。

「ここからの坂は、あったほうが登りやすい。持って行け」

私はまた首を振る。両腕にはもうストックを持ち上げる力はなく、両手の指はもうグリップを握れないほど感覚がなくなっていた。本来なら状態を説明し、ストックをザックに片づけるべきだが、ともかく言葉が出てこない。ただただ、荒い息しか出てこないのだ。ガイドが山に向き直り、グリップを確かめるように両手に握った。そして私のストックを突

きながら、再び斜面を登り始めた。

勾配が明らかにきつくなり、これまで以上に二人のペースについていくことができなくなった。ガイドとヨヘンがサクサク登り、その後ろから私がノロノロ登る。やっと追いついて少し休むと、二人はもう先を目指して歩き出してしまうのだった。休んでも、休んでも、体の疲れは取れなくなった。酸素濃度も低地の半分になり、息は常時あがったままだ。下半身の筋肉もパンパンに張ったまま、ゆるまなくなってしまっている。ゴールはまだまだ先なのに、体の疲れはすでにピークだ。足を止めて息を吸い込み、終わりの見えない坂を見上げる。

ハンさんとキムさんも、この同じ坂を登ったはずだ。彼らは楽に登っただろうか、それともさすがの彼らであっても苦しみながらだっただろうか。一ヶ月前、この山のことを教えてくれたのは、あの二人の人懐っこい若者だった。二人に誘われていなかったなら、この山に登ってみようなどとは決して思わなかっただろう。空港で話をするうちに、自分まで彼らと一緒になって山に行くような気分になった。天候悪化の知らせがあれば私も一緒に不安になったし、彼らの登山が始まると心の底から無事を祈った。山頂で肩を組んで雄《お》叫《たけ》びを上げる二人の姿を心に描く。自分も同じ場所に立ち、同じ景色をこの目で見たい。なんとしてでもそこに立ち、二人に登頂を知らせたい。『頭痛薬、確かに受け取りました。

あんなにもたくさんありがとう。ところで、遅ればせながら私も……』と、メッセージを書き添えて。

目を見開いて、息を吸う。息を吐き出し、足を踏ん張る。ハンさんとキムさんの力強い背中を、死にものぐるいで追いかける。彼らが吹雪に巻き込まれ登頂を断念していたことを、私はまだこの時点では知らされていなかった。

遅れながら登っていると、ガイドがこちらに振り返り、頭痛や吐き気はないか、と言った。高度障害を心配してくれているのだ。ただ幸いにも、どちらの症状もまったくなかった。むしろ、日本では散々苦しめられた肩こりや頭痛といったものは、ここへきてすっかりなくなっていた。最後に頭痛薬を飲んだのは、ソルと一緒に乗り込んだヌブラへ向かうバスの中で、あれ以来頭痛は起きていない。日本で慢性化していた倦怠感《けんたいかん》は、心地よい肉体疲労に代わり、峠をひとつ越えるごとに、溜め込んでいた不快な痛みが体の中から消えていった。次第に体の底からは、まじりけのない力が湧いてくるようになった。黒ずんだエンジンオイルが、透き通った新しいものへと交換されていくように。ただ、頭痛や吐き気はなかったものの、一つ気になる症状があった。

「両手足の感覚が、ほとんどなくなってしまいました」

ガイドは「おかしいな」と言って首を傾げた。

「ちょっと見せてくれ」

私は手袋の先を口にくわえて、麻痺《まひ》した両手を引っ張り抜いた。ガイドとヨヘンも手袋を取り、手の甲を二人でさすってくれた。血の気がすっかりなくなって真っ白になった両手の皮膚が、摩擦の刺激でかすかに痛む。それらは自分の手のようでもあり、別の生き物のようでもあった。二人の手の温もりを心で感じることはできても、もはや生身の肉体はそれを感じることができない。

「手袋の中でグーを作って、ほらこんな風に」

ヨヘンが拳でグーを作って、実演しながら手袋をはめた。そのうち温まってくるだろう、と彼は明るく言ってくれたが、その見込みがほとんどないことは私が一番わかっていた。なぜなら私の弱点は、心肺機能でも体力でもなく、極端な末端冷え性にあったから。しかし、うかつにもそのことを忘れてしまっていた。季節はちょうど夏の終わりで、しかも初めての登山とあって、寒さ以外のことにばかり気持ちを取られてしまっていた。冬場は街にいるときでさえ感覚が麻痺する弱い両手が、この凍てついた山中で正常でいられるはずがない。凍傷の二文字が頭をかすめ、まさか、とそれを打ち消した。曲がり切らない指を丸めて中途半端なグーを作った。その手を手袋に突っ込んで、二人の背中を追いかける。

さらに一〇〇メートルばかり登ったところで、ガイドが一度目の休憩をくれた。三人で並んで岩に腰かけ、眼下に開けた黒い谷間と、その向こうに広がる夜空を眺めた。辺りはまだ闇の中にすっぽりと沈み込んだままだ。なかなか晴れない霧のように、睡魔が視界を曇らせている。それでも靄《もや》の向こうには、変わらず豊かな星空がある。

三四回目の誕生日を、ミヅキがどのように迎えたかはわからなかった。わからなかったと言うよりは、わかろうとしなかった、あえてわからないままにしてきたという方が、この場合には正しいかもしれない。事実を細かく知ろうとすれば、どうしても向き合わざるを得なくなる三四という数字が怖かった。

三四は絶望の数だった。正確には、三十三歳と半年を過ぎたあたりから三十四歳になるまでの半年間、私は毎日欠かすことなく、どん底な気分を味わった。もちろんそれは気分であって、実生活の中身がどん底だったわけではない。仕事に不満はなかったし、健康上の悩みもなく、日々の暮らしも安定していた。強いて言えば、目立った問題もないままに毎日が過ぎていくことが問題だったくらいだ。なんと贅沢な悩みだろう。

三四という数字が半年先に見えたとき、はたと足が止まった。周囲をぐるりと見まわすと、ずっと見えていたはずの景色が異変していることに気がついた。さっきまでそこにあったはずのものが、なくなってしまっていた。当たり前のように見えていた選択肢が、いつの間にか消え落ちていた。慌てて後ろを振り返り、目にした景色に愕然とした。そこには、知らないうちに手放してきたものが、まるで何かの残骸のようにそこかしこに落ちていた。突然、みぞおちの辺りが締め付けられていくような強い焦りに打ちのめされた。そのうちなんとかなるだろう、いつか手に入れればいいと軽く構えていられたさっきまでの気分は、一体どこへ行ってしまったのだろう？　もう何ひとつとして先送りにはできない。そう思った途端に、私はいきなりどん底に落ちた。

毎朝、絶望的な気分で目覚めるようになった。毎朝、天井を見上げてしまうようになった。ただそこにあるというだけで息が止まりそうなくらい、どこまでも重い天井だった。胸焼けのような気持ち悪さが続いた。来る日も来る日も同じ問いが、しつこい耳鳴りのように頭に響いた。本当に、このままでいいのか、こんなままでいいのだろうか？　それは、ほとんど耐えがたい朝の習慣となってしまった。自分はこのまま、こんなまま、ただ意味もなく生きていくのだろうか？　殺風景なアパートの、無機質な天井の下で、ひっそりと死んでいくのだろうか？　この世に生きた確かな証を何ひとつとして残せないままに、息が詰まりそうなほど贅沢な悩みを両手いっぱいに抱えこんで……。それでも日中は忙しさにかまけて、実務的なこと以外は、何も考えずに過ごすことができた。——ふとした拍子に顔を上げて、ベランダの先を見てしまうときを除けば。

「寒くないか？」

ガイドに訊かれ、大丈夫です、と答えた。本当はちょっと寒かったけれど、まだもう少しここに座って星たちを眺めていたかった。標高五六〇〇メートル。このくらいまで登ってくると、星空の下にいる気がしなかった。私たちは今、星空の中にいる。

銀河系に存在するおよそ二〇〇〇億個の星の一つに、私たちが暮らすこの星がある。この豆粒みたいな惑星に、ごま粒くらいの山があり、砂粒よりちっちゃい私たちが、その中腹あたりで星を見ている。宇宙にちょっと風が吹いたら、私たちなどものの一瞬で吹き飛ばされてしまうだろう。けれど風が吹くまでは、このごま粒の山のてっぺんを目指して、死にものぐるいで登っていくのだ。何のために？

あっちのあたりの星たちが、さっきからクスクス笑っている。五〇〇〇光年くらい向こうの方で、照れたように顔を見合わせたりして。

何かが間違っていたのではないし、後悔していたわけでもない。ただ、三四という峠の手前で、私は大がかりな棚卸しを迫られていた。それは、背負っていたザックをいったん逆さまにして中身をぜんぶ床にぶちまけ、底に穴が開いていないことを確認してから、本当に必要なものだけを詰め直していくような作業だった。もう使いもしないとわかっていても、捨てて行くものを直視すれば切なくなったし、軽くなったザックを背負うと、なんだか急に心細くなった。本当にこんなものだけで、残りの旅を乗り切れるのか。本当にこんなものだけで、それでも旅を続けることに意味を見つけていけるのだろうかと。

私たちは立ち上がり、再び斜面を登り始めた。ガイドが歩き、ヨヘンが歩く。その後ろから私が歩き、背後から星がついてくる。ガイドが止まり、ヨヘンが止まる。ようやく追いついた私が止まり、背後の星がほのかに瞬く。顔を上げて、山を見る。この上り坂はいったいどこまで、いつまで続いていくのだろう。

三十代の半ばが近づいてきて、人生の（女にとっての人生の）折り返し地点が見えてきたとき、残りの半分をどう生きるかについて意識せざるを得なくなった。これから先の一歩は、これまで以上に自分自身を、自分という生き方を強く規定していく気がした。一歩前に進むごとに、それ以外の可能性をひとつ、またひとつと捨てていくように、一歩前に踏み出すごとに、自分だけの色を深めていくように。

そんな当たり前の事実を前にして、それでもあの時は、ひと通りジタバタしてみるしかなかったのだ。自分以外の誰かを生きる必要はないし、そんなものは生きられもしないのに。

あの奇妙な境界線をひと足先に越えたあと、私はミヅキを食事に誘った。耳鳴りのようだった朝の問いが弱まりだした八月の終わりのことだった。ミヅキから送られてきたのは、いつもの明るいメールだった。残念ながら会えなかったのも、やはりいつもと同じだった。

目を閉じ、息を吸う。「がんばれ！」と叫ぶミヅキの顔が苦しそうに歪んでいる。「次こそは必ず会おう」と手を振るミヅキが、つらそうに笑っている。息を吐き出し、苦しさにすぐまた息を吸い込む。いや、違う。本当は違う。凍りついた闇の中に、乱れた自分の吐息が聞こえる。残念ながら会えなかったんじゃない。会わなかっただけだ。会いに行こうとしなかっただけだ。最後まで。ミヅキが死んでしまうまで。

息を吐き、山を見つめる。息を吸い込み、また歩きだす。

ミヅキはあの日、会いにきた。大都会の人混みをぬって、雨の中を会いにきた。幼なじみの友だちを、高校時代のかつての仲間を、新宿の巨大なビルの中へわざわざ探しにやってきた。あの頃みたいな親しさを込めて、ミヅキは話しかけてきた。

「近くを通りがかったもんで、おるかなと思って」

言葉を聞いた瞬間に、私はほとんど反射的にミヅキから逃げた。新しく覚えた東京の言葉で、自分たちのものではない借りものの言葉で、ミヅキを冷たく突き放した。どこか遠く離れた場所から、見知らぬ客に話すかのように。

手足の感覚がなくなってから、一時間くらいは経っただろうか。この状態があとどれくらい続くと、人は凍傷になるのだろう。この程度の気温と標高であっても、凍傷になることはあるのだろうか。足を止め、目の前の黒い山影を見つめた。体の疲れは我慢できる。

息の苦しさにも耐えられる。けれど万が一、今回の登頂と引き換えに指を失うことになったら、それでも「楽しい旅だった」と言い切ることができるだろうか。振り返り、背後に並んだ星を見る。それから山に向き直り、再び前へと足を動かす。一歩、一歩、また一歩。

垢抜けない田舎の言葉が耳についた。関西の下品なイントネーションで話すわけにはいかなかった。ミヅキが話すと、葬ったはずの自分の声が耳もとに聞こえてきそうだった。ミヅキを見ていると、見ないようにしてきたものが丸見えになってしまう気がした。ミヅキの中に、自分が見えた。自分の闇が見える気がした。ミヅキをわかってしまうのも、ミヅキにわかられるのも怖かった。なぜなら私は、自分の中に巣食ってしまった闇に怯えて生きていたから。その闇を誰かに悟られることにもっともっと怯えながら。

リタイヤの文字が頭をよぎる。引くも勇気だ。自分は登山をするためにラダックにやってきたのではない。ただ星を見にきただけだ。振り返り、もう一度背後の星空を見る。星たちが、向こうからじっとこちらを見ている。いや無理だ。諦めるなんてできっこない。やっぱり最後まで登りたい。せめて星が出ているうちは、山を登っていたいと思う。ヘッドライトで足元を照らし、またゆっくりと足を踏み出す。

十五歳だったあの頃、「回覧板」と書かれた封筒がミヅキから回ってきたことがあった。中から出てきた手紙には、やり取りの進め方についてミヅキの方から提案があり、その文章の最後にはミカコと私それぞれのためにコメント欄が設けられていた。表の顔とは対極にある饒舌なミヅキがそこにいた。はしゃぐような文章でミヅキは語りかけてきた。ミヅキは私たち二人に対して、たったひとつだけ条件をつけた。

すべてを書くこと。

私はすべてを書く代わりに、ただひと言だけコメントを残した。

「心の内は話さん。これが私の心の内」

ミヅキがやっとの思いで開いた扉を、バン！　と音を立てて閉じるかのように、私は言葉を突き返した。ミヅキが始めた回覧板は、たったの一回で終わりを迎えた。

苦しさに顎《あご》を上げ、酸素をかき集めるようにして肺の奥へと送り込む。あの頃にもらった手紙の中で、ミヅキは確かこう書いてきた。

　ところでミカコと言っとったんやけど、あんたって人の話とかすごくよく聞いて、一人で楽しんどる（笑）けど、ジブンの悩みとかぜんぜん言ってこやへんな～って。かくさんとどんどんおしえてな～。『コイツならおしえてもええやろ』って思えるようになったらでいいからさっ。やっぱタメとくのは体に毒！　うち、自己中やから、他人の気持ちがぜんぜん察せやんから、人の話聞いてやっとこさ、『ああ、そうなんや〜』って思ってばっかやで。

「待って下さい！」

前を行くガイドとヨヘンが、足を止めて振り返った。

「手足が完全に凍結しました。私は指を失いたくありません。登り続けるか、止めるかは、あなたの判断に委ねます」

それだけ言ってしまうと、手袋から右手を引っ張り抜き、ガイドの前に差し出した。ガイドは自分の手袋をとり、冷たく固まった私の右手を両手のひらではさむようにして握った。彼は沈黙の中でしばらく考えていたが、顔を上げて東の空をじっと見つめた。そして言った。

「もうすぐ夜が明けてくる。そうすれば体も温まってくるから、きっと大丈夫だ。あと少し、日が昇るまでの辛抱だ」

指が動かなくなった私の両手に、ガイドは手袋をはめ直してくれた。それから念力を込めるように、上からポンポンと叩いた。

私たちは再び坂を登り始めたが、少し進んだところで、「寒いから先に行く」とヨヘンが言った。私のペースが遅すぎて、体が冷えてしまうらしい。ヨヘンはガイドを追い抜いて、一人で先を進んでいった。申し訳ない気持ちでいっぱいだったが、これ以上速くは登れない。

「最後まで登りきれるでしょうか……」

ふいにそんな言葉が出てきて、ガイドがこちらを振り向いた。私たちが目指している午前八時の登頂には、おそらく間に合わないだろう。予定では八時に山頂に着いたら、すぐに下山することになっていた。来るときに通った同じ氷河を午前中に渡り切り、第三ベースキャンプに戻って昼食をとることになっていた。下山が午後にずれこむと、氷河が溶けて足元がゆるみ、リスクが高くなるからだ。しかし、こんなペースで登っていては予定通りには着かないだろうし、すでに見込みがないのなら、潔く身を引くべきかもしれない。このままでは足手まといになって、ヨヘンの登頂を邪魔してしまう。ところがガイドは、意外なくらいはっきりと「絶対に登れる」と言い切った。

「ゆっくり、ゆっくり、登ればいい。そうすれば必ず登頂できる」

ヨヘンが抜けたあと、ガイドと二人で山を登った。ガイドは一五歩くらい先へ進むと、足を止めて私を待ち、また一五歩先へと進んでいく。彼は振り返ることはせず、じっと前の山だけを見ていた。二本のストックを真っ直ぐに突き立て、いつも背筋をピンと伸ばして、背中で私を待っていた。息を弾ませて追いつくと、彼は背中で状態を聴きとり、少しだけ休ませてから、また次の課題へと歩き出す。こちらの気持ちを切れさせない絶妙のペース配分で、少しずつリミットを引き上げていく。彼は、山に登りたいと思う人を山に登らせるプロだ。登りたいと強く望めば、その望みを自ら手放したりしなければ、彼は登らせるために最後まで手を尽くしてくれるだろう。

気がつくと辺りはすでに、うっすらと明るくなり始めていた。周辺の地形が姿を現し、目の前に細い山道が見える。雪をかぶった山頂も、数百メートル上に確認できた。まだ薄暗くはあるものの、朝の気配の訪れは、予想していなかった安らぎを私の心にもたらした。自分が今どこにいて、どこへ向かおうとしているのか、少し見通しが立つだけで、人の心はこんなにも落ち着きを取り戻すものなのだ。眠気もようやく後退していき、視界もクリアになっている。

それからもう少し進んだところで、ガイドが二度目の休憩をくれた。土の斜面に並んで座り、谷の向こうの空を見つめた。東の稜線のあたりから、あの分厚かった夜空がゆっくりと透け始めている。

「僕」の小説を書き上げることはできなかった。最初から書けるはずもない小説だった。結局のところ「僕」なんてものは、どこにもいなかったわけだから。小説を書こうと思いついたあの日から、書くのを止めるまでの九年の間に、たくさんの言葉を書きつけた。練習用の小説を書き、ブログのエントリーをたくさん書いた。新聞に書き、雑誌に書き、何冊かの本も書き上げた。書いていれば許される気がしたし、書いていけばいつかは、逃げ切れるような気がした。けれどその間にも、ミヅキはどんどん弱っていった。会わなくてもわかっていたし、わかっていたから会わなかった。ミヅキが亡くなる一〇ヶ月前に、サトコはミヅキに会ったと言った。

「確か三月やったかな、東京に遊びに行って、その時にお台場で食事に行って」

電話に出たサトコは、どんなんやったかなぁ……、と言ったまま何度か言葉に詰まった。痩せていたのは、もう一〇年も前からそうだったけれど、加えて、肌荒れを起こしてしまっていたのがかわいそうだった、とサトコは言った。

「誘ったら出てきてはくれたんやけど、うちらなかなか店が決まらんくて……。ここに入ってみようとか、もうここでいいんじゃない？　って、いろいろ提案はしたんやけど、なんかいろいろ難しくて。これもダメ、あれもダメみたいになって、すごい時間がかかって。そのあとようやく店が決まって、一応席には着いたんやけど。そしたらミヅキがまた、やっぱり店を変えたいって言い出して」

「うん……」

「でもさ、もう注文もしたあとやったし、そんなのお店の人にも悪いやん」

「悪い」

「だからミヅキにも、それはもう、ちょっと無理なんじゃないかって言ったんやけど。とりあえず頼んだものだけさっさと食べて、店変わろうって。でもミヅキは、そこにはもう、それ以上はおれへんっていうか、今すぐじゃないとダメっていうのかな。本当にそれ以上は無理って感じやったから」

それからサトコは、少し言いにくそうに続けた。

「ミヅキはなんていうか、昔からちょっと神経質なとこあったから」

いずれにしてもサトコでなければ、ミヅキに会うのは難しかった。店を変えたいと突然言われて、自分にどんな対応ができたかはわからなかったし、そもそも私には、ミヅキに「店を変えたい」などとは容易には言わせないところがあった。その半年後の八月の終わりに、私が食事に誘ったときには、やはりミヅキは断ってきた。私がミヅキに会わなかったように、ミヅキも私には会わなかった。私たちは意識的に避け合っていたのではないし、いがみ合っていたのでもない。ただ、二人でじっと向き合って話すことから逃げていた。私がミヅキに会うときは、サトコやミカコが必要だった。誰かがボケて誰かがツッコみ、笑いでごまかせるときにしかミヅキの前には出て行けなかった。支離滅裂な笑い話で時間を埋められるときにしか、ミヅキとは一緒にいられなかった。ミヅキの闇を見ないように、自分の闇を覗かれないように。ミヅキの扉を開けないように、自分の扉を何かの拍子にこじ開けられたりしないように。

ミヅキを笑わせたかった。でも本当の目的はそうではなかった。笑ってくれたあの頃のミヅキに救われたかっただけだった。だからもう、笑えなくなったミヅキには、会いに行く勇気も自信もなかった。だから、会わなかった。会えない誘い方しかしなかった。

いつ頃からだっただろう、私たちは惰性でやりとりをするようになっていた。私の手紙と同じぐらい、ミヅキの手紙は明るかった。ミヅキの言葉と同じぐらい、私の言葉はポジティブだった。言葉を紡《つむ》げば紡ぐほど、核心は見えなくなってしまった。大事なことは何ひとつ、伝えることができなかった。

「手の具合はどう?」

ガイドに訊かれ、大丈夫だと思う、とだけ短く答えた。相変わらず感覚はなかったし、よくなる兆しもなかったが、これ以上悪化することもないだろうという実感があった。まだ太陽は昇っていないが、すでに気温は少しずつ上昇を始めているのかもしれない。なにより、ツボ底のようだった暗闇の終わりが不安感に終止符を打った。これから先はどんどん明るく、どんどん温かくなっていく。

ミヅキが消えてしまったあと、ふわふわとまとまりのない気分の中で、長かったトンネルの終わりを思った。もう苦しまなくてもいいのだと思うと、なんだかホッとしてしまった。軽くなった。楽になった。なにもかもがどうでもよくなった。貯金をどうやって使い切るか、そんなことばかり考えた。

東の空から薄いブルーが伸びてきて、紺色の夜空を侵食していく。青のグラデーションに染まった空に、光の強い星だけがわずかに残って輝いている。

終わりは誰のところにも、いつかは必ずやってくる。何をしても、しなくても、それは等しくやってくる。早いか、遅いか、少しくらいの違いはあっても。

「あそこがリーチだ」

ガイドが指し示す方角に、山頂から南西に向かって伸びる、ごつごつ岩の尾根が見える。その手前の岩を登っていくヨヘンの姿も確認できた。

自分はまだ、ここにいる。亡くなったのはミヅキであって、私ではない。

「よし、行こう」

ガイドの声で立ち上がり、リーチを目指して登り始めた。薄明かりの中をガイドが歩き、私が歩き、最後の星がついてくる。

高校生の頃、辞書を引くミヅキのうしろ姿を眺めているのが好きだった。ミヅキの右手が辞書に伸び、細い指先がページをめくると、またひとつ新しい言葉がミヅキの中に蓄えられた。その一連の動作には、冬の庭先に降りかさなっていく綿雪を見るような楽しみがあった。生きていて欲しかった。一緒に歳をとりたかった。ミヅキが思っていたよりもずっと、私はミヅキが好きだったから。

突き出した岩の間を登ると、南西に伸びる尾根に出た。リーチだ。山頂までの高度差はいよいよ一五〇メートルを切った。ここから先は、ところどころ雪をかぶった尾根伝いに登っていく。ここまでくれば何とかなりそうだ。待っていてくれたヨヘンの隣にガイドと一緒に腰を下ろした。最後の休憩を取りながら、南東に連なる山脈を眺めた。

星たちの姿は、もうどこにも残っていなかった。昇りたての太陽がのびやかな光で山肌を照らし、私たちの体を温めていく。ヨヘンには申し訳ないことをした。自分さえいなければ、今ごろ彼は山頂にいて、ご来光にも間に合ったはずだ。しかしだからと言って、すでに昇ってしまった太陽の前で後悔するのはナンセンスだったし、ごめんなさいと言われたところで、彼だって困惑するだけだろう。私がじっと黙っていると、こちらの内心を察したのか、「最後はみんなで登ろう」と、ヨヘンが陽気に言ってくれた。

「僕らが山頂に着く頃には、周辺の山々もきっとよく見えるはずだ。ちょうどいいぐらいの時間だよ。そうだろう?」

ヨヘンがガイドに振り向くと、ガイドは頷いてから改めて時間を確認した。

「ほぼ定刻通りだ」

「えっ」と驚いて、私は訊き返した。

「八時登頂の？」

ガイドはまた頷いた。

「遅くても八時十五分までには着くよ」

私が悲観していたほども、ペースは乱れていなかった。ここへきて「ゆっくり登ればいい」と言ったガイドの意図がやっとわかった。要するに彼は、ゆっくり登っても登頂できる計画を最初からたてていてくれていたのだ。それにしても、一時四十五分にスタートさせたガイドの読みには脱帽した。彼は登っている本人以上に、私の実力を把握していたのだから。


ヨヘンが雪山用のプラスティックシューズに履きかえて、ザックからサングラスを取り出した。私は何もしなかった。両手がまったく使えないせいで、日焼け止めを塗り直すことも、サングラスをかけることもできなかった。クランポンぐらい着けていくかと訊かれて、私はやめておくと言った。ほつれたワイヤーの二の舞ではないが、足裏のギザギザを引っ掛けて、またひっくり返るのはごめんだった。自身一〇九回目の登頂に向けて、ガイドが力強く立ち上がった。

「さあ行こう」

さっきまでの坂道に比べれば、尾根伝いに歩いていくのは、それほど苦しいものではない。ただ、ところどころに入り組んだ岩場と雪をかぶった崖があり、足元には注意を必要とした。次第に雪の量が多くなり、足場はより険しくなった。

私たちはミヅキに、きちんとお別れをしなかった。ミヅキがどのように亡くなったのか、その間際をどのように生きたのかも、それぞれがただ自分勝手に想像することしかできないでいた。手がかりは何もないまま、膨大な解釈の余地だけが私たちの前に残された。

忙しかった日々の合間に、不意に手持ちぶさたになると、あの師走のことが頭をもたげた。携帯で番号を探し出しながら、ついに連絡しなかったあの日のことだ。もしもあのとき、ミヅキがひとりでいたのだとしたら……、そんなことばかり考えた。細くて危うい孤絶の淵を一人で歩いていたのだとしたら。底の見えない黒い谷間をただ一人で覗きこんでいたのだとしたら。ミヅキのことを憶うとき、あの頃の大切な仲間の一人を、冷たく硬い岩盤の上に置き去りにしてきてしまったような、いたたまれなさがこみ上げてくる。

崖に沿って作られた足幅の狭い雪道まで来ると、ガイドは背負っていたザックの中から長いロープを取り出した。そのロープに三つの輪を作り、先頭の輪を自分の体に、次の輪を私に、そして最後の輪をヨヘンの体に巻きつけて、三人を一本の命綱で繋いだ。ガイドとヨヘンがピッケルを手に取る。私たちは適度な距離を保って細い雪道を通過し、その先に出てきた雪の丘を一列に並んで登り始めた。途中でガイドが足を止めた。私が止まり、ヨヘンが止まる。薄い酸素を口から吸い込み、目の前の雪山をじっと見上げる。

ミヅキが消えてしまったあと、私たちは泣くことを許されただろうか。ミヅキに向かって語りかけることを、許されただろうか。悼むこと、悔いること、懐かしむことを許されただろうか。そして取り戻し、そして再び、進むことを。

真っ青な空を背景にして、純白の雪をかぶった山が、目の前にそそりたっている。その絶景を両目に焼き付けると、目の奥に熱い波が迫《せ》り上がってきて、慌ててそれを押しとどめた。

柔らかい日だまりの中に、もう一度ミヅキを連れ出したい。テニスコートのそばを流れる用水路の縁に腰かけて、じゃれ合っていたあの頃みたいに。

ロープを着けたガイドの背中が、また雪の斜面を登り始めた。一つ目の丘を登り切ると、砂利に覆われた山稜を歩き、それからがれきが突き刺さったような灰褐色の岩場をよじ登った。――繋いだロープをだぶつかせないよう、二人との距離に気をつけながら。

北壁側から尾根をまたぎ、南の傾斜を進んだところで、足を止めて顔を上げた。雪をかぶった斜面の終わりに、とうとう頂が現れた。ゴールはもう、目と鼻の先だ。あと少し、あと一五メートルもないだろう。ガイドの背中が、私の呼吸を聴いていた。まさか、ラスト一五メートルを一息でいく気じゃないよね、とガイドに無言で訴えかける。動き出したガイドに続いて、自分の足を前へと踏み出す。一歩、二歩、三歩、息苦しさに顔をゆがめる。早く頂上にたどり着きたい、でもその前に息を吸いたい。足を止めて、息を吸いたい。七メートルくらい進んだところで、ガイドが足を止めた。助かった。私も止まり、背後でヨヘンも足を止めた。荒々しい呼吸を繰り返し、もう一度態勢をととのえ直す。これで最後だ。気持ちを入れ直すと同時にガイドの背中が進み始めた。あと少し、残り三メートル、二メートル……。最後は這うようにして登り、そのまま雪の上に倒れ込んだ。仰向けになって息を吸い込む。コバルトブルーの大空の中に、自分の吐息が鳴り続けている。頭の中は空っぽだ。

呼吸がすっかり落ち着くと、立ち上がり、土壁を背にして座っているヨヘンのところへ歩いていった。巻き付けられた五色のタルチョが、朝の光を存分に浴びて鮮やかな色を放っている。

「やったね」

ヨヘンが伸ばした手のひらに、自分の右手をタッチしてから、一緒に登ってくれたことへの心からの感謝を伝えた。

「もちろんさ、僕の方こそありがとう」

それからガイドに近づいていくと、彼はもたせかけていた背を起こし、私を見上げて微笑んだ。

「よくやった。おめでとう」

ありがとう、と私は言った。

「ここまで連れて来てくれて、本当に、ありがとう」

促されて彼の横に座ると、目の前の世界がぐしゃぐしゃに崩れだした。

「最後まで、登りたかった。登らなければいけなかった」

そこまで言うと、決壊したダムのように両目から熱湯があふれ出してきた。小刻みに震えるあごの先から、次々と滴がこぼれ落ちていく。体内にこれほどの熱と水分がまだ残っていたのかと驚くくらいに、押しとどめられない大粒の涙が次から次へと流れ落ちてきた。それらはダウンジャケットの胸もとを濡らし、地面の雪へと吸い込まれていった。ひとしきり涙を出し尽くすと、ガイドに肩を抱かれたまま眼前に開かれた山系を見つめた。

灰色の大きなセーターを着て、ミヅキも遠くの山を見ていた。元気にラケットを振り回していたあの頃みたいな空気をまとって、朝日に色づく山を見ていた。ミヅキのふっくらした頬が、あたたかい朝の光を受けて淡いピンクに色づいている。右手をクールに腰にあて、左手をおでこの前にかざして、朝日に沸き立つ山を見ている。――クアラルンプールの青空が眩しすぎたあの時みたいに。

五〇〇〇メートル級の雪山が見渡す限りどこまでも続き、開放感が胸を突き抜けていく。空には雲ひとつない。

好天に恵まれ続けた奇跡の二五日間だった。星を追いかけているうちに、こんなところまできてしまった。こんなところまで、こさせてくれた。そして今、山頂から絶景を見下ろしながら、やっと思い出したのだ。夜の星たちが去ったあとには、朝日が山を照らすって。

『もしかして、仕組んだ？』

振り向く彼女の口もとに、白い八重歯がキラリと光る。

本書は書き下ろしです。
本作に登場する人物には、部分的に仮名を用いています。

中村安希（なかむら・あき）

ノンフィクション作家。1979年京都府生まれ、三重県育ち。カリフォルニア大学アーバイン校芸術学部演劇科卒。2009年に684日（47ヵ国）に及ぶ取材旅行をもとに書いた『インパラの朝』で第7回開高健ノンフィクション賞を受賞。これまでの著書に『Beフラット』『食べる。』『愛と憎しみの豚』『リオとタケル』『N女の研究』がある。

ラダックの星

2018年　6月　5日　初版発行

著　者／中村安希
発行者／南 晋三
発行所／株式会社 潮出版社
〒102-8110
東京都千代田区一番町6　一番町 SQUARE
電　話／03-3230-0781（編集）
03-3230-0741（営業）
振替口座／00150-5-61090
印刷・製本／株式会社暁印刷

ISBN978-4-267-02136-7 C0095

www.usio.co.jp